清涼院流水

三日坊主でも英語は伸びる

GS
幻冬舎新書
597

まえがき

三日坊主の人ほど大きな結果を出せる

「私は飽きっぽくて、なにをするのも続かない人間なんです」
だれかがそうぼやいているのを、耳にされたことはありませんか？　もしかしたら、あなた自身も、ついそう自虐《じぎゃく》してしまうひとりかもしれません。できればトライして成果を出したいけれど続かないことの代表例としては、英語学習とダイエットが二大巨頭ではないでしょうか。さまざまな方法で英語やダイエットに過去に何度もトライしたけれど長く続けられず、いつも挫折してしまう、という人は少なくないはずです。

　筆者自身も、幼い頃から勉強や習いごと、遊びでさえも、なにかひとつのことを継続するのが苦手な性格で、学生時代には親兄弟や先生、友人たちから「おまえは、どうして、いつもそんなにも飽きっぽいんだ！　なにひとつ続けられないダメな奴だ！」などと罵倒され、軽蔑され続けていたものです。自分なりの言いぶんとしては、「飽きっぽい」のではなく「続けたい気持ちはあるけれど、どうしても長く続けられない」というのが本音でした。ところが、作家となってから四半世紀近く作品を発表し続けていると、「長年にわたる継続力は評価に値する」と周囲から意外な声が届く機会が少しずつ増え始め、大人になってから始めて成果を出せた「やり直し英語学習」についても、「どうすれば、あなたのように勉強を続けられるのですか」などと相談されることが多くなりました。

近年は誤解されがちなのですが、実際には、なにごとも継続できない筆者の性格は、今も昔も、まったく変わっていません。ひとつの具体例として、本を書く仕事を24年も続けてきたのに、筆者がふだん読書をする際は、日本語の本でも英語の本でも1〜2ページ読むと続けられなくなり、すぐ別のことをし始めてしまう、という事実が挙げられます。手元にある本を閉じて、すぐ別の本を読み始めることも多いですが、それも、やはり1〜2ページ読んだら例外なく止まります。新しい本を買うと、読書2日めか3日めで、いったんその本から離れたくなり、ふたたび読むかどうかは気分次第で、そのまま挫折することも多いです。1度の読書が1〜2ページだけなのに、4日以上連続で同じ本を読むことは滅多にない——という、筆者は、まさに見本のような「三日坊主」なのです。

楽しめていないわけではなく、とても楽しいのに、なぜか続けられないのです。弁解ぎみに強引にポジティヴな自己分析をすると、1冊の本から多くの気づきや学びを得ようという意気込みが強すぎるあまり、たった2ページぶんでも1度に摂取する情報としては多く、筆者の脳の小さなキャパシティは、すぐにいっぱいになってしまうのかもしれません。実際、特に感銘を受ける文章に触れた場合は、1ページどころか、その文章の1～2行を読んだだけで大満足して読書を続けられなくなり、いったん中断します。だれしも、ため息が出るほど見事につくられた料理を食べたら、たとえ量が少なくても満足して、しあわせな余韻に浸りたくなる、ということはあるはずです。また、極めて貴重な珍味に出会ったら、急いで食べるのではなく、ゆっくり味わいたくなるのではないでしょうか。筆者の**スロー読書**もそれに近いかもしれない、と自分に言い聞かせて納得しています。

　仕事で必要な場合は、例外的に急いで本を読むこともあります。フォトリーディング的なテクニックを使い1冊の本を数分で読むケースも稀《まれ》にありますが、それは筆者にとっては読書というより単なる情報収集ですので、本当に必要な時にしか用いません。ふだんは筆者が1度に3ページ以上読み続けられることは異例で、別の本を何冊か（時には数十冊を）経由してまた同じ本へ戻るのですが、なにしろ常に牛歩ペースですので、特別に急ぐ意識がない時には、1冊の本を読み終えるのに数か月とか1年以上かかることも珍しくありません。読みかけの本が常に１００冊以上待機しており、気持ちが乗らない本は1年に1度か数年に1度（その時も1〜2ページ）しか読まないので、中には現在20年以上読み続けているがまだ序盤、という作品さえ実際に何冊かあります（著者の方に失礼なので具体名は出せませんが）。この事実を告白するのは本書が初めてですが、「作家」と呼ばれる人たちの中で、本を1〜2ページ読むたびに必ず止まり、しかも同じ本を4日以上読み続けられないという人物は、地球上どこを探しても、ほかに見つけられないのではないでしょうか。こんな気質でよく作家になれたものだと、我ながら呆れてしまいます。

また、これも今まで書いたことはないのですが、筆者はＴＯＥＩＣ（Ｌ＆Ｒ）テストの模試を解く際も、試験本番と同じ2時間を使って解いたことは、ほとんど皆無で、いつも2時間の模試を数回か十数回に分けて解いていました。それも理由は同じで、ひとつのことを長く続けられないから、なのです。自分が悪いお手本になってしまうかもしれない、との危惧があったので今まではその事実を公表しなかったのですが、今回は、筆者と同じように、なにかを続けることが難しい性格の方たちの参考、そして励みになるのではないか、と思い立ちましたので、あえてその点に触れました。

「三つ子の魂百まで」と言われるように、なにごとも長く続けられない筆者のこの性格は幼少期からずっと同じですし、今後も死ぬまで変わらないのだろう、と、なかばあきらめながらも、そんな自分を受け容れています。そう思えるのは、なにごとも続けられない性格であっても——その性格だからこそ——成果を出し続けられるメソッドを、必要に迫られて、そして偶然にも助けられて、いつの間にやら確立できていたからでしょう。英語学習やダイエットに限らない話ですが、ひとつのことを継続できない人は大きな成果を出せない、という考えは固定観念に縛られた思い込みであり、いわゆる「三日坊主」の人たちにもその良さはあり、特質を活かすことで大きな成果を出し続けることができるはず、と、筆者は心の底から信じています。

成功の秘訣は飽きっぽさだった

既に述べた通り、自分としては「飽きっぽい」わけではなく単に「ひとつのことを長く続けられない」のですが、他人から「飽きっぽい」と言われやすい性格であることは幼い頃から自覚していました。ですが、「大人のやり直し英語学習」に成功して以降の筆者は、自分が飽きっぽい人間である事実を密かに闇に葬り去ろうと、原点から目を逸らしていた面があったことは否定できません。それを強く再認識させられたのは、本書の企画会議において、編集者から次のようなリクエストをいただいたことがきっかけでした。

「ほとんどの英語学習者は、何度も挑戦しては失敗することを延々とくり返しているのに、流水先生は途中で挫折せずにＴＯＥＩＣの満点を何度も達成され、日本語の小説を英訳して世界中の電子書店で毎月販売されるという、大きな結果を出し続けておられますよね。どのようにして成功学習者となられたのか、そのあたりの秘密を、ぜひ次回作で（※本書のこと）くわしく語っていただきたいです」

その時、編集者の言葉を聞きながら、筆者は、まさに雷に打たれたように、ここ数年で最大の衝撃を味わいました。途中で挫折せずに――と言われたのですが、実際には筆者の英語学習も挫折続きであったことを思い返し、その事実に意識を向けられたのです。

筆者は、自分が試行錯誤の末に「正しい勉強法」にたどりつけたからこそ、「大人のやり直し英語学習」で幸いにも成果を出せた、と思ってきました。成功学習者と挫折してしまう人の差は、「正しい勉強法」を知っているか否か――その1点だけである、と。実際、これまで筆者が複数の著作でご紹介してきた「正しい勉強法」を用いて成功学習者となられる方は今も増え続けているので、感謝されることも多いです。その一方、「正しい勉強法」を知ったあとでも、なお挫折し続けて〝英語難民〟をなかなか卒業できない人たちが少なからずいらっしゃるのも事実です。ふり返れば筆者自身も、〝途中〟は、まさに挫折し続けていました。その点にこそ、今まで見落としていた**英語学習の新たな真実**があるのではないか――と、今回、天啓のような閃《ひらめ》きを得ました。

筆者の「大人のやり直し英語学習」は、無数の失敗をくり返しているうちに、いつの間にか成功にたどりついていた、というのが本当のところです。自分は、**挫折し続けたからこそ成功できた**のでは――そんな新たな気づきが得られた時、これまでの本で1度も書いていない、まったく新しい「英語学習成功のヒント」を摑めた感覚がありました。と同時に、多くの英語学習者の参考になるのではないか、という強い予感も生じました。

飽きっぽい人には、なにも達成できない――世の中の大多数が、そう信じているはずです。筆者自身も、以前はそう思い込んでいましたから、これまで「三日坊主でいいんですよ」というメッセージを放ったことは1度もありません。ですが、筆者が「大人のやり直し英語学習」に成功できたのは、「ひとつのことを続けるのが苦手な性格」だったから――飽きっぽい性格だからこそではないかという可能性に、今回たまたま、編集者の問題提起をきっかけに、初めて気づけたのです。これは、自分としては、天動説と地動説が逆転するのに匹敵するほどの、コペルニクス的転回でした。

筆者のやり直し英語学習は、継続力があるから成功できたわけではありません。逆に、**だれよりも継続力のない「三日坊主の権化」だからこそ、成功できた**のです。

多くの迷える学習者に希望を与えられるのではないか——そんな期待で胸が膨らみ、きちんとメソッドを整理してご紹介したい、という新たな使命感も湧いてきました。

険しい近道か、楽しい回り道か

筆者はこれまで英語勉強法についての本を何冊か刊行し、どの本も皮肉なことに本職であるはずの小説作品よりはるかに高い評価をいただきました（ここ数年間に発表した最近10作品のうち、実に8作品が英語関連本となっています）。筆者が試行錯誤の末にたどりついた「正しい英語勉強法」が多くの学習者のお役に立つのは、本当に喜ばしいことです。

と同時に、筆者の英語関連本として最高の自信作であり過去最大の反響をいただいた『50歳から始める英語』（幻冬舎新書）の刊行後には、「『正しい英語勉強法』は最短で結果を出すための美しい理想ではあるものの、ショートカットを目的としているがゆえに道は険しく、多くの読者にとって、実行が難しいと感じられる内容だったかもしれない」という反省も生まれていました。そうした心情を編集者にも吐露《とろ》していましたので、「では、それを踏まえての次回作を、ぜひ」と、本書をリクエストしていただけたのです。

筆者が『50歳から始める英語』でご紹介した方法は、なにひとつ改訂する必要のない「正しい英語勉強法」のベスト・アルバムと言える内容だと、今でも自負しています。なので、苦痛に感じず継続できる方たちには、それだけで充分かもしれません。ですが、「いくらこれが理想の勉強法だとしても、根気のない自分には到底、無理だ」という方たち――特に三日坊主だと自認されている方たち――には、本書でご紹介する「楽しい回り道」とも言える勉強法のほうが、現実に役立つ可能性が高いかもしれません。要するに、努力や我慢を伴う「険しい近道」を選ぶか、よぶんに時間はかかるが歩きやすい「楽しい回り道」を選ぶか――。これは1回限りの二者択一ではなく、途中での変更も可能です。

具体的なメソッドの数々については本書の中でくわしくご説明いたしますが、「険しい近道」である理想の英語勉強法は継続が難しく何度も挫折してしまう方であっても、本書でご紹介する「楽しい回り道」をメソッドとして用いれば、少しよぶんに時間がかかったとしても、必ずや同じゴールにたどりつけます。最終的に同じ地点に到達できるなら、〝険しい〟より〝楽しい〟ルートを好まれる方は、少なくないはずです。

上級者にも三日坊主は多い

三日坊主――という本書のテーマにたどりついたあと、改めて身近な学習者たちを見回して気づいたのは、筆者に限らず、**英語上級者と見なされる成功学習者たちの中にも三日坊主タイプの人は意外に多い**――という、これも新たな発見でした。

今から英語学習をスタートされる初級者が三日坊主になりがちで挫折しやすいのは当然ですが、中級者や上級者も、彼らにとっての「次の目標」が見つからず、あるいは自分の現在の限界をなかなか超えられず、いろんな方法に何度もトライしては挫折をくり返し続けている、という意味で、三日坊主的な側面があるものなのです。

どのレベルの学習者であっても、ご自分の「次の目標」を明確に定め、それを超えるのは決して簡単なことではありません。そして、その目標を超える方法は、ショートカットに思える「険しい近道」だけが唯一の解決策ではなく、三日坊主にとっては、「楽しい回り道」こそ、決定的ブレイクスルーのきっかけになるかもしれないのです。

筆者も、大きな成果を出せていなかった昔は、ギネス級になにひとつ継続できない自分に対して、ただただ情けなく、自己嫌悪を抱くばかりでした。ですが、いつしか、本の執筆や英語学習でさまざまな結果を出し、周囲から評価されるにつれて、三日坊主である自分の本性を忘れかけていました。より正確には、不都合な真実から目を逸らそうとしていたのです。自省の念もあり、今は素直にそう認められます。

あたかも継続力のある人のように筆者が誤解されがちだとしても、現実には「三日坊主の権化」である事実は決して変えられません。「正しい英語勉強法を継続する」という従来の王道以上に、「楽しい回り道でブレイクスルーする」という邪道的な方法こそ、筆者が世にご紹介すべき真に価値ある方法ではないか、というのが現在の率直な心境です。

あなたが飽きっぽくて、なにをするのも長く続けられない性格なら、あなたのような方に読んでいただきたくて本書を書きました、ということは、声を大にして言えます。

三日坊主も、テクニックとして極めれば、王道に勝るメソッドとなりえます。

王道を超える邪道――それは、筆者の小説の理想とも通底するものです。

飽きっぽさを〝克服〟するのではなく、三日坊主を〝武器〟として使うこと。

それを目ざしたのが、本書で初めて公開する、「三日坊主メソッド」です。

さあ、われわれ三日坊主が世の常識を覆す意識の革命を、今から始めましょう。

三日坊主でも英語は伸びる／目次

第1章

いつも自分の気持ちに正直に

英語学習の始め方は十人十色

学生時代はずっと英語が得意で、社会に出てからも英語を私生活や仕事で日常的に使っていて——という方は、現代日本ではまだ少数だと思います。そうした既に高い英語力をお持ちの方がこの本を必要に迫られて読まれることは、滅多にないかもしれません。本書を読んでくださっているあなたは、「大人のやり直し英語学習」を今まさに検討されている最中か、以前に考えたことがあり、何度か実行されたものの、いつも三日坊主で挫折してしまった——といった経験があるのではないかと推察します。

今から学習をスタート（あるいはリスタート）される方はもちろん、英語中級者か上級者に既に達しているものの次の目標が超えられず、あるいは見つからず、学習のヒントを探されている方たちにも、本書でご紹介する「大人のやり直し英語学習」がインスピレーションを得るきっかけとなることを願っています。どのレベルであっても、次の課題をクリアするために気分を一新して「やり直し」に臨む心構えは、共通点が多いからです。

大人になって「やり直し英語学習」してみようかな、と思われる方は、社会に出てから、英語を使う機会があまりなかった——あるいは、機会はあったけれど、うまく使えなかった——という方が大多数で、学生時代に学んだ知識は、ほとんど忘れてしまっているケースも珍しくないでしょう。筆者自身も、学生時代には英語は大の苦手でしたし、22歳で作家デビューしてから10年くらいは、まったく英語に接する機会がありませんでした。筆者が30歳を過ぎて「大人のやり直し英語学習」を開始した時点では、学生時代に試験のために暗記した単語や文法知識は、大げさではなく、すべて忘れ去っていました。筆者と違って学生時代に英語が得意だった方でも、社会に出てからあまり英語に接していなければ、ほとんどの知識を忘れてしまっているのではないでしょうか。

　学生時代に学んだ英語の知識がリセットされて、あなたが今この瞬間、英単語や英文法をなにひとつおぼえていないとしても、嘆く必要はありません。忘れたからこその「やり直し」ですし、綺麗《きれい》さっぱり忘れているほうが、学び直すことすべてを新鮮に感じられて、うまくやれば、**楽しみながら学習を続けられる**のです。

　あなたが「大人のやり直し英語学習」にトライしようと思い立たれた際、具体的には、どんな学習法が浮かぶでしょう。さまざまな方法が考えられます。たとえば、書店で英語関連の本（学習参考書、問題集、英語で書かれた小説、英語に関係のある雑誌、洋画の脚本など）を買ってみる。英語のオーディオブック（小説やビジネス書、エッセイ、ノンフィクションなど）を聴いてみる。テレビやラジオのＮＨＫ英語番組をチェックしてみる。宣伝をよく目にする（または耳にする）有名な英会話スクールや英語教材、あるいはオンライン英会話を試してみる。興味のあるジャンルの英語ウェブサイトをインターネットで検索してみる。YouTubeで英語関連コンテンツを探してみる。洋楽や洋画や海外ドラマから英語の表現を学ぼうと努力してみる。コンピュータ・ゲーム（video game）を英語でプレイしてみる。国内で出会う外国人の方たちに英語で話しかけてみる。英語が話されている国を旅行して現地の人とコミュニケーションをとってみる……などなど。

英語学習を登山にたとえるなら、山頂（＝英語が得意になった状態）にたどりつくためのルートは決してひとつではなく、いろんな道のりが考えられます。富士山のように美しい曲線を描く独立峰と同じで、英語学習の裾野（＝スタート地点）は、かなり広範囲にわたっているからです。事実、英語学習で成果を出せる方法は、無数に考えられます。そして、正解は決して、ひとつではありません。たくさん選択肢があると迷う、という方も多いと思います。なにから始めるべきか、その選択が重要になります。

自分ができそうで、やってみたいこと

英語学習の選択肢は無数にありますから、どこから始めれば良いかわからず、迷っているあいだに挑戦意欲が薄れてしまったとしても不思議はありません。ですが、最初にトライしてみるべき方法を見つけるのは実は簡単で、前ページで挙げたような一般的な英語勉強法の中から**「これなら、できるかも」**――そして、**「やってみたい」**――と感じることから始めれば良いのです。このふたつの感情は、どちらも極めて大切です。

重要なのは、まずは「これなら、できるかも」という基準で選択肢を絞り、そのいくつかの候補の中で、今いちばん「やってみたい」と感じられるものを見つけ出すことです。あたりまえのように思われるかもしれませんが、実は、この基準を無視しているがゆえに学習を続けられなくなり、挫折してしまう、というパターンが非常に多いのです。

たとえば、あなたが「英語を学ぶなら、やはり、英会話スクールに通ったほうが良いのだろうな」という考えをお持ちだとして、「でも、英会話スクールに行ったとしても、成果が出るのかな。あまり気乗りしないし、続けられるだろうか」といった疑念や不安が少しでもあるのなら、無理をしてまで、その方法から挑戦される必要はないのです。一方、「英語の本を買ってきて読むだけなら、できるかも」とか、「良さそうなYouTubeチャンネルがあるのなら、観てみたい」という気持ちがあれば、まずその興味を持った対象から始めることが、〝今の〟あなたにとって、いちばんの正解となります。自分にできそうで、なおかつ興味が湧く方法を試すのは楽しく、**楽しいことは続けやすい**からです。

たとえ自分が「これなら、できるかも。やってみたい」と感じることであっても、いざトライすると、多くの人が三日坊主で挫折してしまうものです。積極的に挑戦してみた方法でさえ頓挫しやすいのですから、「できる自信はないし、やってみたいとも思わないけれど、なんとなく効果がありそうだから」という理由で候補に浮かぶ方法は、少なくとも最初は選ばないほうが、挫折リスクを小さくできます。挑戦する前から気乗りしないことは、三日坊主どころか、1日（最初の1回）で続けられなくなり、その挫折感が大きければ、ほかの方法を試す意欲さえ失ってしまうことも考えられるからです。

ひとつの例として、筆者は何年も前から「英語力を向上させる最短距離は、TOEIC（L&R）テストを活用することです」というメッセージを放ち続けてきました。その考えは今も変わっていませんが、英語初級者の方が準備ゼロでいきなりTOEICに挑戦したら、自信を喪失して挫折しやすいことも、体験的に、よく承知しています。いったん「自分には無理だ」と思い込んでしまうと、それが一種のトラウマのようになって、2度と再挑戦する気が起きなくなってしまう場合もあります。ですから通常は、しばらく英語学習して、ある程度の基礎固めができたと実感できた段階でのＴＯＥＩＣ受験を、ご提案するようにしています。たとえそれが山頂までの最短距離であったとしても、断崖絶壁をまだ経験の浅いクライマーにオススメできないのと同じことです。転落すれば次はない、という最悪の事態は、できるだけ回避する必要があります。

本書で提案する三日坊主メソッドの基本ルールは、**「何度やり直してもいい」**という気楽な姿勢ですが、トライする前から「自分にできるのかな？」と半信半疑になってしまうことや、あまり気乗りしないことには、無理に挑戦する必要はないのです。

多くの社会人学習者が「大人のやり直し英語学習」で挫折しがちなのは、「できる自信がなくても、この方法（たとえば、有名な英会話スクールや英語教材）から始めるべきでは」と思い込んでしまい、無理をしていきなり難しい課題に挑んだことが原因になっているケースが多くあります。もちろん、中には「自分は挑戦が難しければ難しいほど燃える」という方もいらっしゃるかもしれませんが、どれだけ気持ちを燃やしても、精神力だけで乗り越えられないことはあります。いくら北アルプスの断崖絶壁が有名でクライマーたちに人気だからといって、初級者がいきなりそこに挑むのは無謀なのと同じです。

せっかく「大人のやり直し英語学習」をしようと思い立ったのだから、どうせなら効率的に結果の出そうな方法を――と思われる心理は、とてもよく理解できます。たとえ、それが初級者には難しい挑戦であったとしても、あなたが「これなら、できるかも。やってみたい」と思われたのなら、ともかくトライされても構いません。なにしろ、三日坊主メソッドにおいては「何度やり直してもいい」のですから。

最初に選んだ方法ですぐ挫折してしまったとしても、あなたに「向いていない」わけではなく、実際には、**〝今の〟あなたに合っていなかっただけ**です。成長したあとに再挑戦してみたら、苦もなく継続できて驚いた、ということも、非常によくあります。

他人からのアドバイスは参考程度に

英語学習を始めるにあたり、あなたが英語の得意な友人や知人にアドバイスを求めたくなることも考えられます。周囲にそういう方がいらっしゃらなくても、ＳＮＳで世の中に問いかければ、たちまち多くの人があなたに親切なアドバイスを寄せてくれる時代です。まずは英語が得意な人たちに相談して、とお考えになるのは当然の心理です。ただ、人それぞれ感性も気質も違いますので、だれかにとっての「理想の英語勉強法」が、必ずしも、あなたに適した方法であるとは限りません。また、人によって理想の方法が異なる――真逆の方向性の助言を受ける——ケースも珍しくないので、さまざまな意見が、かえってあなたを混乱させることもあるはずです。他人からのアドバイスは、あくまで参考程度にお考えください。

よくある具体例として、英語指導者には英文の音読を重視される方と、音読は不要であると説かれる方が、いらっしゃいます。また、英文の多読を奨励される方と、多読の欠点を指摘される方にも分かれます。正反対のふたつの意見が、それぞれ、あるレベルの学習者には正しく、異なるレベルにはあてはまらない、というケースです。音読や多読に向いているレベルと、そうではないレベルがあります。これは、音読や多読だけでなく、ほかの英語勉強法にもあてはまる話です。

どちらも人によっては正しい、真逆のアドバイスが存在するのです。ある人があなたに「右に行け」と言い、別の人は「いや、左が正しい」と主張しているようなものです。正反対の方向に同時に進むことはできません。

あなたのレベルが上がるにつれて、「正しい英語勉強法」は、そのつど変化するので、**どんなアドバイスも、あなたにとって正しい時と、間違っている時の両方がある**のです。その意味でも、ほかの人からの助言を真に受けすぎないほうが良いのです。

筆者は前作『50歳から始める英語』で、英語学習において最短距離で成果を出すための「理想の英語学習」の数々をご紹介いたしました。本書のまえがきでも書いたように、それらは今でも「正しい英語勉強法」だと信じて疑いませんが、お手本となる方法が〝今の〟あなたに必ずしも適している（＝あなたが苦もなくこなせる）とは限りません。

同様に、だれかがあなたに教えてくれる「正しい勉強法」が「険しい近道」であることは、よくあるはずです。たとえ山頂がすぐ近くに見えても、目の前にあるのが断崖絶壁なら、挑むのをためらわれる方は多いでしょう。たとえこの道が最短距離だと知っていても、簡単に進めるとは思えない――つらい思いをするくらいなら、やめたい――などとお考えになっても不思議はありません。その解決策は「あきらめる」ことではなく、それなら「別の道」――「楽しい回り道」を選べば良いのです。だれかが教えてくれた方法が難しいと感じる時には、その方法に縛られる必要はない、ということです。目的地に至る道が厳しく思える時、あなたの選択肢は「無理して進むか、あきらめるか」の2択ではありません。**「この険しい近道を選ぶか、別の楽しい回り道を選ぶか」**――なのです。

はてしない砂漠や大海原を地図や海図もなく旅するのが不安なように、なにかの指標を求めるお気持ちは、とてもよく理解できます。砂漠や大海原のただ中にいても、目的地のある方角を地図や海図で知ることができれば、不安を小さくできます。実際、英語学習を始めるにあたって、なにかの指標はあったほうが良いので、他人からアドバイスをもらうこと自体は悪くありません。重要なのは、他人の意見は参考程度に考え、流されすぎないこと。英語学習の真の指標は、あなたの心や気持ちの中にこそあります。常に意識すべきは、あなた自身が「これなら、できるかも。やってみたい」と感じられるかどうか。

それは、三日坊主が結果を出す上では、なによりも重要なポイントです。

常識より自分の気持ちを優先させればいい

あなたが他人から受けるアドバイスは、いわゆる「常識」と共通する点が多いかもしれません。他人からのアドバイスの中だけでなく、あなたの内なる声の中にも「常識」に縛られている考え方が必ずあるはずです。たとえば、「英語を学ぶなら、それなりにお金をかけないといけないのだろうな」という「常識」をお持ちの方は少なくないはずです。

そのように、あなたが英語学習をスタートされる際には、他人の声や自分の内側にある「常識」が、あなたに「こうするべきだ」「こうしたほうがいいんじゃないか」などとアドバイスしてきます。それが、あなたのやりたいことと一致しているのであれば、なにも問題ありません。しかし、もしあなたの本当の気持ちと違っているのなら、**「常識」に縛られず、無視することが正解**です。つまり、「英語を学ぶなら、英会話スクールに通わなくてはならないだろう」という「常識」をあなたがお持ちだとしても、「でも、いまいち気が乗らないんだよね」というのが本心なら、通う必要はない、ということです。無理をして通おうとしても、やりたくないことは続けられませんし、仮に続けられたとしても、気乗りしないことは、成果にもつながりにくいです。やりたいことでさえ、なかなか続けられないのが人間です。特に、われわれ三日坊主であれば、尚更です。もちろん、お仕事であれば、やりたくないことも、やらなければならないでしょう。ですが、「大人のやり直し英語学習」に取り組まれる場合は、**少しでも気乗りしない方法は徹底的に避けること**が理想の心構えです。もし、なにひとつ気乗りしないのなら、無理になにかをするより、なにかを「やってみたい」と感じるまで、待ったほうが成果を得られやすくなります。

ビジネスの成功哲学においては、「多くの人は、上昇気流に乗っている時に油断して休み、勢いが下降し始めると焦って対策を探すが、そういう時は、なにをしても状況は悪化するばかりだろう。調子の良い時に、できることを広げて、不調な時には、大人しくしたほうがいい」という心構えが昔から説かれています。この鉄則は、英語学習においても同じです。ヤル気が下降している時に、あれこれ打開策を探しても、状況は悪化するだけです。そうした時は、じたばたせずに、ただ待てば良いのです。季節が巡るように、またヤル気が満ちてくる時期は、待てば必ず訪れます。

大切なのは「常識」ではなく、**あなたの内なる声が「これなら、できるかも。やってみたい」と囁《ささや》いているかどうか**です。これは今からスタートされる初級者だけでなく、中級者や上級者も含めて、全レベル共通で、限りなく重要です。この点だけは妥協せずに、ご自分に問いかけ続けていただきたいです。あなたが検討している英語学習法を、あなたは本当に、「これなら、できるかも。やってみたい」と思っているかどうか、です。

あなたがそう思えているのであれば、たとえ他人がなにを言おうが気にすることはなく、まずは、その方法にトライすべきです。逆に、あなたが検討している学習法が、そのふたつの感情（「できるかも」と「やってみたい」）を満たせていないのであれば、それは、少なくとも〝今の〟あなたには理想とは言えない方法である可能性が高くなります。

本書で述べるべきメッセージのエッセンスは、このことに尽きる、と言っても過言ではありません。つまり、人間というのは、できるかもと信じられないことや、やってみたいと思えないことに、いくらトライしても、成果は期待できないのです。逆に、「これなら、できるかも。やってみたい」という感情にとことんこだわって、妥協せず選んだ方法であれば、あなたの学習は成果が出ることが約束されています。

やりたいことのレパートリーをひとつずつ増やす

三日坊主の英語学習において「これなら、できるかも。やってみたい」というポイントが重要なのは、「できるかも」と感じないことや、「やってみたい」と思えないことを継続するのは至難のわざだからです。その一方で、世の中には、「できるかも」という自信や「やってみたい」という願望がなくても、「正しい勉強法」を淡々と継続できる超人のような方たちが実際にいらっしゃいます。そうした修行僧なみにストイックな方たちに本書は必要ないでしょうが、三日坊主で今まで悩んでこられたあなたが「大人のやり直し英語学習」をスタートされる際には、挫折しないためにも、「これなら、できるかも。やってみたい」という感覚を常に最優先させることが、基本の心構えとなります。

筆者自身が「三日坊主の権化」なので、よくわかるのですが、「これなら、できるかも。やってみたい」と感じることであっても、われわれ三日坊主は、たいてい3日前後で挫折してしまいます。そうした際、いったん挫折して構いませんので、「これなら、できるかも。やってみたい」と感じられる次の目標を見つけることが第２段階となります。

たとえば、あなたがまず、「本で英語を勉強しよう」と思い立って、「これなら、できるかも。やってみたい」と感じた本（仮に『英語本Ａ』と呼びます）を買って、取り組み始めたとします。どんな本を使うとしても、最初からスムーズに学習が軌道に乗るケースは稀ですので、その最初の英語本Ａは３日前後で挫折してしまう可能性もあります（継続できる時には、継続していただいて、もちろん問題ありません）。

最初の挑戦である英語本Ａを三日坊主で挫折しても問題ありませんが、いったん挫折しても後日また使える可能性が高いので、すぐに処分してしまわず、できるだけ手放さずにキープしておかれることをオススメします。そして、最初の本を続けられなかっただけで「自分はダメだ。英語学習は向いていない」と落ち込まず、すぐ次の目標を探し始めていただきたいです。具体的には、「これなら、できるかも。やってみたい」と感じる２冊めの英語本Ｂ——あるいは、本ではない方法——を試してみる、ということです。英語本Ａで挫折した直後でなくても構いません。しばらく英語学習から離れて、また「やってみようかな」という気持ちが自然に湧いてきてからでも、まったく問題ないのです。

いつも３日前後で挫折するのが三日坊主なのですから、挫折するたびに落ち込む必要はありません。最初のトライで失敗したら、気が向いた時に再挑戦すれば良いのです。先に述べた通り、「何度やり直してもいい」のが三日坊主メソッドです。何回めのトライでも、方法は、まったく同じです。無理をされる必要はありません。なにかの拍子に、また、「これなら、できるかも。やってみたい」と感じた時に、それにトライすれば良いのです。

何回挑戦しても、いつも三日坊主で終わる方は多いでしょう。それで、なにも問題ありません。三日坊主メソッドで重要なのは、挫折した時に「自分は向いていない」と、すぐにあきらめるのではなく、「これなら、できるかも。やってみたい」という気持ちが湧き起こる限り、何十回、何百回トライしてもいい——ということです。

従来の指導者は、「1冊の本を使うと決めたら、ほかの本に浮気せずに、とことんやり込もう」と学習者に勧めることが「常識」です。筆者自身も、「正しい英語勉強法」をご紹介する際は、そのように推奨することもあります。ですが、われわれ三日坊主は、いったん使いたいと思った本（あるいは、ほかの方法）でさえ、かなり高い確率で、数日で挫折してしまいます。そうした際に、「やっぱりダメだった」と、あきらめるのではなく、「何度やり直してもいい」ルールをそのつど思い出して、七転び八起きするのが三日坊主メソッドです。

たとえ周囲の人から「あなたって、飽きっぽいね。もう少しがんばって続けてみたら？」などと嫌味を言われたとしても、気にすることはありません。続けられないのは、期待していたほど〝今の〟あなたに合っていなかったからで、そのように、しっくりこない方法を延々と続けるのは、難しいからです。それよりも、〝今の〟あなたが「これなら、できるかも。やってみたい」と感じる方法にこだわり続けることで、より良い学習法にたどりつける可能性が高まり、同時に、英語学習そのものを継続しやすくなるのです。

発明王エジソンは、実験がうまくいかなくても決して失敗とは捉えず、「うまくいかない方法を新たに発明した」と考えていたそうです。次のような名言が遺っています。

“I have not failed. I’ve just found 10,000 ways that won’t work.”（＝私は、今まで失敗したことがない。1万通りの、うまくいかない方法を発明してきただけだ）

発明王の力強い言葉は、三日坊主メソッドの基本スタンスは間違っていないという確信を与えてくれます。あなたが思いついて試した方法が自分に合っていなかったとしても、それは挫折ではなく、「まだ機が熟していない方法を発見できた」のです。あなたが1度でもトライしてみた方法は、たとえ休止してもムダにはならず、あなたの「やってみたいと感じた英語学習法」のレパートリーに加わるのです。そのレパートリーをひとつずつ増やしていくことは、とても大きな意味がありますです。なぜなら、あなたが増やしているのは失敗の数ではなく、実は、それこそが**「後日成功するための武器庫」**となるからです。

楽しめる方法は、続く限り没頭する

いくつかの英語学習法にトライされる中で、あなたと相性の良い方法というのが、おのずと明らかになってくるでしょう。たとえば、あなたが「英語本は何冊トライしても、いつも三日坊主で挫折してしまうけれど、海外ドラマで英語に接するのは、まったく苦ではない」という場合は、ご自分の得意な「海外ドラマ」にフォーカスして、それを軸に学習することが、非常に賢明な方法だと言えます。

人によって好きな学習方法はさまざまですが、あなたに向いている方法は必ずあります。ほかの人とまったく異なるマイナーな方法であっても構いません。残念なのは、トライする回数が少ない――つまり、学習方法の選択肢が少ないがために――ご自分の理想の方法にたどりつけないケースです。そうならないためにも、実は、三日坊主という性質は優れています。つまり、三日坊主のあなたは、すぐにひとつの方法に挫折してしまいがちかもしれませんが、そのぶん、いろんな方法を試せるので、自分の理想の方法にたどりつけます。もしあなたが継続力のある方なら、ひとつの方法を長時間、集中して続けられるかもしれません。ですが、それは同時に、ほかの方法を試しにくくなることを意味するのです。最初に思い立った方法が最高であるとは限りませんから、次々に新しい方法を試せる意味で、三日坊主は誇るべき特性となりうるものなのです。

そういう意味で、理想の英語学習法を探す過程は、人生のパートナー選びに似ているかもしれません。初めてつきあった相手とのちに結婚し、一生添い遂げるような美談もありますが、多くの場合、何人かとつきあった中で、特に相性の良い相手と人生のパートナーになることが多いでしょう。そうした相手を探す際、選択肢（探した経験）が少ないよりは多いほうが、より良い相手に出会える可能性は高くなります。しかも、理想の英語学習法探しにおいては、他人のパートナー（だれかが用いている英語学習法）をうらやむ必要はなく、どんな理想の相手でも自分で自由に選べるのです。

三日坊主であることを自覚し、それをメソッドとして意識して活用するようになると、継続できるジャンルを見つけた時に、違和感が生じるかもしれません。「あれ？　いつも三日坊主で挫折する自分が、こんなにも継続できるなんて変じゃないか」という当惑です。そうしたとまどいは理解できますが、たとえ三日坊主の方であっても、苦もなく継続できてしまうジャンルが見つかることはありえますし、そうした方法を見つけたら、それこそ嫌になって挫折するまで、とことんその方法を突きつめてみるのは良いことです。

英語学習に限りませんが、**なにかを「苦もなく継続できる」なら、それがあなたの才能である可能性は高い**です。あなたが「苦もなく継続できる」学習法を見つけたら、まずはその方法に集中して、飽きるまで、とことん追求することが正しい道筋です。

たとえば、あなたが仮に、今は英語が苦手でも英語ゲームをプレイすることは苦にならないのなら、ひたすら遊び続ければ良いのです。他人から「そんなのは英語学習じゃない」と言われても、まったく気にする必要はありません。無理なく続けられること、楽しんで続けられることは、あなたの才能ですから、それをどこまでも伸ばせば良いのです。

ただし、いくら英語ゲームが好きだとしても、延々とプレイしているだけでは、どこかの段階で、「これだけだと、いまいち勉強している感じにならない」というお気持ちになることもあるでしょう。そうしたら、いったんゲーム習慣を休止するか、すべて休止せずとも、今まで英語ゲームにあてていた時間の一部を別の方法に回してみれば良いのです。

筆者自身も、子供の時からゲームが大好きだったので、学習の一環として英語ゲームをいろいろとプレイしました。今は自分では滅多にプレイしないですが、そのぶん、日本語の小説を英訳する作業中には、英語圏のゲーマーが英語ゲームをプレイしながら実況する動画（gaming）を常に横目で観ています。筆者がいちばん多く接している英語ジャンルは実はgamingかも、と思えるくらい、好きな分野は苦もなく続けやすいのです。

英語ゲームをお好きな方が、ほかのことをするためにプレイを休止することは、挫折ではなく、それもまた、ひとつの「やり直し」です。「何度やり直してもいい」のが三日坊主メソッドの基本ルールですから、その後も、思いつく限りの方法を試し続ければ良いのです。もちろん、いつ元の方法に戻しても構いません。ほかの方法を経験してから過去の方法に戻ると、そのつど、英語への理解が深まっていることを実感できるはずです。

学習をコントロールするための記録術

既に述べたように、英語本Aを試してみて、合わなければ英語本B、さらに合わなければ英語本C——と、躊躇《ちゅうちょ》せず次々に選択肢を増やしていくのが三日坊主メソッドです。もちろん、本だけが学習対象ではなく、それ以外のあらゆる方法も考えられます。

　そのように、学習の選択肢がどんどん増え続けたら収拾がつかなくなるんじゃないかと、あなたは心配されるかもしれません。たしかに、思いつくまま手あたり次第に学習していたら、秩序のない混沌《こんとん》となってしまう恐れはあります。筆者が「大人のやり直し英語学習」をスタートさせた初期段階は実際そうでした。新しい英語本を試しては挫折する、ということを何度もくり返し、「本当に自分は三日坊主で、どんな本も続かない……」と絶望したことも、1度や2度ではありません。筆者がそうした苦悩を乗り越えられたのは、必要にかられて独自の記録術を徐々に確立できたことが無関係ではありません。これは、筆者が10年以上にわたって実行し続け、今でも常に効果を体感している方法です。『50歳から始める英語』など、いくつかの本でごく簡単にご紹介したことがありますが、三日坊主メソッドにおいてこそ極めて重要ですので、本書で初めて、くわしくご説明いたします。

　たとえば、筆者の場合は、英語本Aに取り組み始めたら、スマホのメモ帳、あるいはリアルの手帳や日記などに「英語本A Day 1, 0.7%：9/30」などと記録します。この表記は、英語本Aに取り組み始めて1日めである9月30日に、全体の0・7%（＝たとえば、300ページある本の最初の2ページだけ読んだ状態など）まで進んだことを意味します。手帳や日記の9月30日の欄に記入する際には、日付は自明なので不要ですが、その日のページに記入するだけだと、学習の間隔が空いた時に前回いつ勉強したか思い出せないことも多くなるはずです。手帳や日記なら冒頭やタイトル、ヘッダーなどのわかりやすいページに、あるいは、いつでも簡単に情報更新できるスマホのメモ帳などに、学習記録が一覧できる場所をつくっておくことが理想です。例として示した「：9/30」は、そのリストに添える日付だとご理解ください。

英語本Aを2日連続で読めた時には、「2日連続 英語本 A Day 2, 1.3%：10/1」のように記録します。何日か連続で読めた時には「○日連続」と書くことで、自分の中に継続への意欲が湧きます。なんでそんなことをする必要があるの？ と思われるかもしれませんが、三日坊主にとっては、2日や3日続けられた時点で快挙だからです。

三日坊主であっても、特別に相性の良い本であれば苦もなく何日も連続で読めることもあり、そうした際には「○日連続」は途中からは自明のことなので省略する場合もあります。ただ、経験上、続けにくいと感じる本は特に、連続で読めた時には「○日連続」と書いて自分を鼓舞《こぶ》したほうが、少しでも続けられる確率を高められます。

また、われわれ三日坊主がひとつの本を何日も連続で読むことは難しいので、前回読んだ日から間隔が空くことが、ふつうであるはずです。たとえば2日以上間隔が空いた場合には、「3日ぶり英語本A Day 3, 2%：10/4」などと記録します。筆者の場合、1日のブランクが入るケースは無数にありすぎてキリがないので、2日ぶり（中1日）は自分への許容範囲としてその点には言及せず、3日ぶり（中2日）以上の場合だけ「○日ぶり」と書くようにしています。そうすることで、「○日ぶり、と書かないで済むように、昨日休んだから今日は取り組もう」という意欲が湧くこともあります。もちろん、三日坊主はそう簡単に消える習性ではないので、ずるずると休みが続くことも日常茶飯事です。ちなみに、これは筆者の昔話ではなく、今も実際に続けている記録術の話です。

この方法のメリットとしては、何日か連続で取り組めている場合は「○日連続」の記述がスポーツで何連勝もしているチームへの賛辞にも似て自信となりえますし、「○日ぶり」と書く時も、「自分は○日休んでいたけれど、そのまま挫折せず、また再開できた！」と、小さな達成感を味わうことができます。筆者の実体験として、「百数十日ぶり」とか「1年数か月ぶり」というケースも非常に多いのですが、ブランクが長ければ長いほど、また戻ってきた自分をホメてあげたくなります。逆に言えば、そのように考えない限り継続できない、救いがたいほどの「三日坊主の権化」が筆者だということです。現在の筆者は、なぜか買いかぶられることが多いので、筆者が三日坊主である事実を「とても信じられない」などと言ってくださる読者の方も、いらっしゃるかもしれません。そう見えるのは、水上を優雅に泳ぐ白鳥が水面下で必死に足を動かしているように、このような記録術に支えられて、あたかも継続力があるかのような活動を実現させているからなのです。三日坊主であっても、このような記録術を活用することで、明らかに継続力を高められます。

%の数字が進捗状況として蓄積されていくことは、目で見てわかる学習成果となります。本を数ページ読んだだけで「英語力が身についた」と実感できることは少ないですが、蓄積されている%によって、あなたの学習の前進を〝**見える化**〟（＝可視化）できます。それは決して減ることがなく増え続ける数字ですので、ポジティヴな効果が生じるのです。

もっとも、1冊の本のラストまで読み終えたら100%に達して、それ以上は増やせません。ですが、読了して、その後も参照したい本であれば、「英語本A 2周め」などと表記して、何周もくり返されても良いでしょう。英語本は1度読んだだけで理解できるということは稀で、何度も読み返すほど理解が深まるものだからです。2周めであれば、たとえば、100%＋2周めの%表記にすれば、何周しても%の数字を増やし続けることができますので、何周もする意欲が湧いて、理想的かもしれません。10周すれば、1000%を超えるわけで、その数字を見ただけで、自分が成長した実感が湧くでしょう。

苦もなく1冊の英語本を読み通せる方には、こうした方法は必要ないかもしれません。ですが、「何回トライしても挫折してしまう」われわれ三日坊主にとっては、このようなメソッドがあったほうが、挫折するリスクを軽減させることができるのです。

そもそも記録すること自体が三日坊主で続かない、という方も多いでしょう。筆者自身も、最初はそうでした。ですが、この記録術を試し、続かなくなり、また使って……と、何度もくり返しているうちに習慣となり、途中からは、さほど苦もなく記録できるようになりました。筆者が三日坊主である習性は今も変わっていないのですが、さまざまな分野で成果を出せるようになったのは、記録の習慣を身につけられたおかげです。この記録術を何度かトライして、あなたにも効果を実感していただけることを期待しています。

学習記録を更新する際の具体例

学習をコントロールするための記録術を試しにやってみようか、と思ってくださった方の参考に、より効果的な活用法を、もう少しくわしく補足します。この「○日連続」「○日ぶり」、取り組んだ日数、そして%を書く記録術は、ひとつの学習法に取り組む際にも有効なのですが、実は、三日坊主メソッドによって次々に「やりかけの学習」が増えてき

3日連続 英語本C Day 3, 1.5%：4/20
24日ぶり英語本B Day 10, 15.6%：4/20
英語小説B Day 6, 2.9%：4/11
英語小説A Day 22, 7.2%：3/27
英語オーディオブックA Day 3, 1.1%：3/27
英語本A Day 35, 23.3%：3/6

た時にこそ、真の威力を発揮します。具体的には、たとえば、あなたの学習が少し前進した時期には、次のような記録が考えられます。どんな情報が読み取れるでしょう？

筆者はこうしたリストをスマホのメモ帳に作成し、今日取り組んだものを、いちばん上に移動させるようにしています。上でご紹介した例ですと、この日（4月20日）、3日連続で取り組んでいる英語本Cと、24日ぶりに取り組んだ英語本Bが、いちばん上に来ています。ほかの本とオーディオブックは、添えられている日付から学習を再開できていないことがわかります。では、たとえば、その翌日（4月21日）に英語本AとCに取り組んだ場合は、どうなるでしょうか？

あなたが仮に、いろんな方法に取り組んでは挫折し、をくり返すだけだと、再開するのが難しくなります。ですが、上でご紹介

4 日連続 英語本 C Day 4, 2.0%：4/21

46 日ぶり英語本 A Day 36, 24%：4/21

英語本 B Day 10, 15.6%：4/20

英語小説 B Day 6, 2.9%：4/11

英語小説 A Day 22, 7.2%：3/27

英語オーディオブック A Day 3, 1.1%：3/27

したような記録術を用いると、たくさんの学習法を同時進行しても困らず、また、いつ休止しても記録上には残り、いつでも再開できることから、三日坊主メソッドをぞんぶんに活用しやすくなるのです。「三日坊主の権化」である筆者が、「やりかけの学習」をどんどん増やし続けながら、なんとか回し続けて成果を出せたのは、偶然にも、この記録術にたどりつけたおかげなのです。

　このようなリストがあると、以前やりかけたまま放置していた学習法を忘れずに済みますし、どの方法が今現在のあなたに合っているかを、ひと目で理解できます。リストで常に上に来るもの、累計日数や%の蓄積が大きいものが、あなたに合っている方法です。続けやすい方法にはさらに注力して伸ばしつつ、しばらく取り組んでいない方法を見つけて、「この学習法は数か月やっていないから、久しぶりにやってみるか」と、思い立ちやすい点でも、このようなリストは学習の助けとなります。

　本書のまえがきでも少し書きましたように、筆者は実際にこの方法で、常に１００冊以上の本を少しずつ読み続けています。あまりにも間隔が空いた場合は前回の内容を忘れていて、少し戻って読み返すこともありますが、どの本をいつどこまで読んだか、という進捗状況についてはまったく混乱せず、時間をかけて各作品をじっくり味わえることを楽しんでいます。これは単なる机上の空論ではなく、筆者が10年以上実行して効果を実感し続けている方法で、英語学習に限らず、絶大な効果を発揮することは証明済みです。

筆者は作家であると同時に英訳者でもあり、作家の英語圏進出プロジェクト「The BBB」というプラットフォーム（https://thebbb.net/jp/）を運営し、日本人の小説家の作品を英訳し、全世界の電子書店で毎月新作を発表し続けています。右でご紹介した記録術は、実は複数の英訳作業を同時進行する際にも活用しています。

「The BBB の作品は英語版と日本語版を合わせて既に１９０作品を超えており、英語版だけでも１１０作品を超えています（２０２０年９月現在）が、それだけ膨大な作品群を三日坊主の筆者が発表し続けてこられたのは、複数作業の同時進行を容易にする、この記録術に支えられているのが最大の秘訣だと断言できます。これは、筆者のような凡人が超人のような仕事量をこなすことを可能にしてくれる、**魔法の記録術**なのです。

選択肢が増えてきたら、学習ローテーション

必要にかられて、ほとんど偶然に生み出したものでしたが、少しずつブラッシュアップして完成させたこの記録術のおかげで、英語学習に限らず、仕事などのあらゆる面において、筆者の能力は何倍にも増幅されている、と、いつも思っています。

たとえば、1冊の本を読むのに1日とか数日――かなりの時間を拘束されるのは、そんなに珍しいことではないと思います。それはそれで健全な状態なのですが、筆者は経験上、ひとつのことに固執《こしつ》するより、その1日とか数日のうちに何種類ものことを試したほうが、より豊かな可能性が得られると思っています。読書というのは人との出会いにも似ていますが、「ひとりの人とだけ過ごした1日」と「たくさんの人と少しずつ過ごした1日」が、どちらもそれぞれの良さがあるのと同じことです。「1冊の本だけ読んだ1日」と、「たくさんの本を少しずつ読んだ1日」には、それぞれ違った良さがあり、三日坊主としては、後者のほうがより実現させやすい、という面はあるはずなのです。

ある人がもし、「1冊の本を読み始めたら、読み終えるまでは、ほかのことはするべきではない」という「常識」に縛られていたら、読み終えるまでの1日なり数日間、その人は、その本だけに拘束されてしまいます。それが素晴らしい本であるのなら問題ないかも

しれませんが、あなたの貴重な時間を捧げたのに、読み終えた時に納得できなければ、怒りが湧いてくるかもしれません。だれにとっても人生は意外に短いので、それなりの時間をひとつの本に捧げることは、リスキーな面もあるはずです。

筆者は、作家になることを志した高校2年生から大学に入る頃までは、読み終えた本のリストをつくっていました。その「読了リスト」に記録することを意識しすぎるあまり、1冊の本を読み始めたら、読み終えるまでは、ほかの本を読まないというルールに縛られていました。読み始めたと同時に「自分に合わない」と悟った本でも、読み始めたからには読了してリストに加えねば次に進めない……という変なこだわりを抱いて、ずいぶん時間をムダにしました。「たとえつまらない本でも、せっかく読み始めたのだから、読了リストに記録するために読む」という、本末転倒なことになっていたのです。その後、大学に入ってからは、たとえ読み始めても自分に合わなければ、すぐに途中で休止し、何冊も同時進行で読むようになりました。本書のまえがきで書いた「20年以上読み続けているが、まだ序盤」という本の中には、大学生のその頃から読み続けているものが、何冊もあるのです（と言っても、平均して数年に1ページくらいのペースでしか進んでいないので、筆者が生きているあいだに中盤にすらたどりつけない可能性が高いかもしれません）。

三日坊主メソッドで読書に費やす日数を分散させれば、ひとつの本を読み終えるまでのあいだに別のことも並行作業できます。必ず読み終わる必要すらなく、いつやめてもいいと決めておくことで、リスクを最小限にできるのです。

邪道と思われる方も多いかもしれませんが、**「いつ中断してもいい、どれだけたくさんのことを同時進行してもいい」**と決めたら、毎日さまざまな角度から、たくさんの学びを得続けることができます。くり返しになりますが、これは決して机上の空論ではなく、筆者が過去10年以上にわたって実行し続け、凡人である筆者に人並み外れた成果をもたらしてくれた魔法のような方法です。ただし、学習を広げすぎるとコントロールするのが難しくなりますので、先にご紹介した記録術が重要となります。

プロ野球では、試合の最初に投げる先発ピッチャーが各チームに何人かいて、そのレギュラー数人を順番に回す、いわゆる「ローテーション」が定番となっています。三日坊主メソッドにおいても、同種の**「学習ローテーション」**が重要になります。

あなたが三日坊主メソッドで英語本A、英語本B、英語本C……と、選択肢を徐々に増やしていくとします。方法は本に限りませんので、学習法A、学習法B、学習法C……と言い換えたほうが良いかもしれません。ともかく、あなたの英語学習の選択肢がどんどん増え続けていくことこそが、重要なポイントです。

従来の英語学習の「常識」ですと、「あれこれ手を出すと、広く浅くなってしまって、結局、なにも身につかない。だから、ひとつに絞って、それをとことんやりこむべきだ」という考えになるでしょう。ですが、三日坊主メソッドは真逆で、**「ひとつのことに絞らず、できるだけ分散させたほうがいい」**のです。

なぜなら、あなたの選択肢が仮に学習法Aしかなければ、Aがうまくいかなかっただけで、それが挫折につながってしまうからです。しかし、あなたがA、B、Cと3つの選択肢を持っていれば、たとえAで挫折しても、BとCはまだ生きていますし、D以降を追加し続けることで、あなたの学習が成功する可能性を常に存続させられるのです。

また、三日坊主でない人でも、ひとつの方法をずっと続けていたら、飽きたり、マンネリ感を抱いたりしても不思議はありません。ですが、三日坊主メソッドでは常にたくさんの方法を用意していますので、ひとつの方法に飽きても、ほかの選択肢が無数にあるので、**必ずどれかは楽しい**、という状態にできます。まさに、その理由――常にどれかを楽しむためにも、学習の選択肢を増やし続けることに意味があります。

ここでご提案している三日坊主メソッドは、英語学習の従来の「常識」から外れた考え方ですので、多くの指導者の賛同を得るのは難しいかもしれません。ですが、効果は絶大ですので、その方法を知っているかどうか、だけで、大きな差がつくのです。

本書で三日坊主メソッドを知ったあなたは、他人からなにを言われようが、気にする必要はありません。その時々で、いちばんやりたいことだけをすれば良いですし、それは、いつ挫折しても、いつ再開しても良いのです。この自由さこそ、英語への苦手意識を克服するための最大のキー・ポイントであると、筆者は信じて疑いません。

人気作家・森博嗣さんが与えてくれた確信

筆者のような変人作家が唱える奇抜な三日坊主メソッドに対しては、正直、半信半疑という方も多くいらっしゃるでしょう。ですが、これまでご紹介してきた方法は、筆者のいちばん身近な作家仲間である森博嗣《もりひろし》さんも、実は、似たような話を書かれています。

森博嗣さんと筆者は、ふたりとも１９９６年にメフィスト賞という小説新人賞を受賞してデビューした共通点があります。森さんが第1回、筆者は第2回の受賞者です。

森博嗣さんは小説のみならず、エッセイ、実用書、絵本、詩集など、２０２０年9月現在、３４０冊以上の著作を刊行され、そのほとんどがベストセラーとなっています。累計発行部数１７００万部でAmazon.co.jpから「殿堂入り著者」にも選ばれていますので、まさしく日本を代表する人気作家のひとりだと言えるでしょう。

その森博嗣さんの小説を筆者が英訳し、自分の運営する電子書籍レーベル「The BBB」から刊行させていただいている関係もあり、定期的に濃いコミュニケーションをとらせていただいているのですが、筆者が独自に開発し用いてきた三日坊主メソッドと似たような方法を森さんも長年使っておられたことは、嬉しい驚きでした。

森さんのその方法については、２０１８年に発表された『集中力はいらない』（SB新書）という著書に、〝分散思考〟といった名称で、くわしく書かれています。端的《たんてき》に言うと、なにかの作業をする時に、**「集中させず、あえて分散させる」**という方法です。

森さんは出版関係の仕事は1日に1時間しかしないと決められていますが、毎年10数冊もの新刊を刊行されています。それだけ聞くと信じられない方も多いでしょうが、森さんとのつきあいが長い筆者は、それがいかなる誇張もない事実であることを知っています。

どうして1時間で、それだけの仕事をこなせるのか？　疑問に思われて当然ですが、さらに重要なのは、森さんが1日に1時間だけ費やす出版関係の仕事は、10分×6回に分割されている、という事実です。つまり、ハイレベルな集中を1時間持続するのは難しいが、

10分と限定すれば極めて高い集中ができる。だからこそ、森さんは、1回10分という短時間ながら、高いパフォーマンスを発揮され続けているのです。

本書で既に述べてきたように、筆者も「三日坊主の権化」として、昔から似たような方法をずっと続けてきたのですが、巨大な成果を出し続けておられる森博嗣さんの『集中力はいらない』は、筆者に「これで良かったんだ。自分は間違っていなかった」という、大きな確信を与えてくれました。企画会議で編集者にもその話をしたのですが、森博嗣さんというわかりやすい成功例の存在も、本書の執筆を決意した動機のひとつです。

『集中力はいらない』には、「ほぼ日刊イトイ新聞」「ほぼ日《にち》手帳」で有名なコピーライターの糸井重里さんが推薦文を寄せておられますが、そのコメントが、筆者の気持ちと完全に一致しており、まさに核心を突いていましたので、ご紹介いたします。

「この本は、ありがたかった。大事なアイディアは、集中からは生まれない。ずっと、そうじゃないかとにらんでいたことを、これほどスカッと説明してもらえるとは！」

詳細が気になった方は、（未読の場合は）『集中力はいらない』をお読みいただくことで、三日坊主メソッドへの確信をより深めていただけると嬉しいです。集中より分散が効果を発揮する例は珍しくないのです、ということです。

ヤル気が湧かない時には無理をしない

さまざまな方法の「学習ローテーション」がうまく回り始めたら、あなたの成長は約束されているようなものです。ただし、最初からうまくいくとは限りません。筆者自身も、学習スタート当初は模索の連続で、最初からうまく回せていたわけではないのです。

学習法のレパートリーをいろいろと増やしたけれど、今はどうしても気乗りしない、という時期もあるでしょう。特に、プライベートやお仕事で大きなイベントやトラブルを抱えていると、「英語学習どころではない」という状況も考えられます。そうした際には、今までの記録をすべてリセットして、いったん休まれても良いでしょう。あなたが人生を充実させることを夢見て始められた英語学習が、逆にあなたの人生の負担となり、重荷となるのはおかしいからです。ひとつの目安として、**あなたが英語学習を少しでも〝つらい〟〝苦しい〟と感じられた場合には、現在の学習方法を見直されたほうが良い**です。楽しめないことを無理して続けるのは、だれにとっても簡単ではないからです。ある人は

「勉強が楽しいはずがない」と、おっしゃるかもしれません。そのお気持ちはわかりますが、厳密には、「あなたに向いていない勉強が楽しいはずがない」というのが真実で、向いている学習であれば、楽しめるのです。だから、それを見つけることが大切になります。

プライベートやお仕事、あるいは、体調不良などが原因で気乗りしない場合は、あなたが英語学習に「向いていない」わけではありません。たまたま、その時期が学習に「向いていなかった」だけで、波が去って状況が落ち着けば、またヤル気が湧いてくることは充分に期待できます。

蓄積された記録をリセットするのには抵抗感があるかもしれませんが、それ以前の経験が消えるわけではありません。やめた回数だけ、あなたの中には経験値が蓄積され、次回は今回よりうまくやれる可能性が高まります。ムダにはなっていないのです。

そして、だれの人生にとっても、再出発というのは希望に満ちているものです。また機が熟した時に、新たな決意を胸に、リスタートすれば良いのです。

何十回、何百回やめても構いません。「何度やり直してもいい」のが三日坊主メソッドです。周囲の人から「あなたは飽きっぽくて、長く続けられない」などと苦言を呈されても、まったく気にされる必要はありません。たとえ世間が否定しても、筆者は三日坊主仲間として、あなたの「やり直し」を理解し、いつでも応援します。そして、何十回めか何百回めかのトライで、あなたが「学習ローテーション」を軌道に乗せて上昇し始めれば、必ず結果はついてくるのです。

第2章　自由で気楽な英語学習を

英語関連のものを部屋に飾るだけでも意味はある

英語学習を本格的にスタートさせる決心がなかなかできない場合であっても、英語に関係のある本や雑誌、新聞、CD、DVDやブルーレイのケース、アルファベットの書かれているポスターなど、あなたが関心のある英語関連のものを部屋の片隅に飾っておくだけなら、そんなに難しくないでしょう。まずは、あなたが興味を抱く対象で、なおかつ英語に関係のあるものが日々視界に入るだけでも意味はあります。

筆者は実際、大学時代に、尊敬する海外作家のペーパーバック（英語で書かれた原書）を何冊か自分の部屋の本棚に飾っていました。学生時代の筆者には洋書を読みこなせるだけの英語力はありませんでしたから、読むためではなく、本当に、飾っておくためだけに買ったものです。当時、海外作家の作品は、日本語に翻訳されたものだけを読んでいました。その中には自分の理想として掲げたいほど大好きな作品がいくつもありましたので、それらの原書がいつも目に入るところにあるだけでも気持ちが高揚しました。素晴らしい作品を書いた先人たちを目標に自分も小説の執筆に打ち込もう、という気持ちを強めることができたのです。

それから10数年後に開始した「大人のやり直し英語学習」を経て、筆者は学生時代にはインテリアでしかなかったペーパーバックを、今では楽しんで読める英語力を手にしています。自分でも英語の小説を書けるまでに成長できたのですが、その原点は学生時代に部屋にペーパーバックを飾るという、**〝英語への憧れ〟**だったのです。〝英語がまったくできなかった学生時代、当時は単なる憧れだったとしても、ペーパーバックを部屋に飾るという選択をしたことで、現在に通じる道が拓《ひら》けたのだと、筆者自身は確信しています。

この**「常に目に入るところに置く」**という方法は、対象があなたの意識の深くに碇《いかり》を下ろして潜在意識にとどまり続け、とても効果的です。これは学習をスタートさせる前から有効で、ご自分の部屋（に限らず日常空間）の目につくところに英語に関係のあるもの――しかも、あなたが関心のあるもの――があり、毎日視界に入るだけでも、あなたの中で英語への興味や憧れが少しずつ醸成されます。しかも、関心のあるものを選んだことによって、ポジティヴな感情を増幅できるのです。そうしたプラスの感情が少しずつ蓄積することによって、潜在意識という土壌に眠るヤル気の種子は、やがて発芽し（＝学習をスタートさせて）、開花（＝学習の成功）へとつながるのです。

学習スタート後も、「常に目に入るところに置く」方法は、何十回もやり直すことを前提にしている三日坊主メソッドにおいては、特に重要です。あなたがなにかの英語素材で学習して、いったん挫折した場合、それをふだん目の届かない場所に片づけてしまったら、存在そのものを忘れてしまう可能性があるからです。筆者も、いったん挫折した英語素材の存在自体を忘れ、大掃除の時などに、「こんなの持っていたんだ？」などと驚くことが今でもよくあります。見なかったかのように、また元の場所に戻してしまうので、結局いつまで経ってもその本では勉強しない、ということを何度も経験しています。ですが、常に視界に入る場所に置いておけば、気が向いた時に、気楽に再開しやすくなるのです。

たとえ何度か挫折した方法でも、ほかの学習法をいくつか試したあとにトライすれば、その間に学んだことが理解力を高め、以前より格段にやりやすく感じ、今度は継続できるようになることも、よくあります。機が熟した際にタイミングを逃さずリトライしやすくするためにも、「常に目に入るところに置く」必要があるのです。

今のあなたに必要なものから優先的に並べよう

「常に目に入るところに置く」方法は、英語学習に限った話ではありません。筆者は、戦国時代に日本にやってきた宣教師を描いた歴史小説『ルイス・フロイス戦国記　ジャパゥン』（幻冬舎）を執筆した際、ルイス・フロイスの膨大な著作群だけでなく、大村純忠《おおむらすみただ》などフロイスと交流のあった当時の戦国武将や、ポルトガル語とラテン語、そしてキリスト教（聖書や教理）を勉強する必要にかられたのですが、その時、最初に実行したのが、それらの勉強対象に関係のある１００冊以上の本を「常に目に入るところに置く」方法でした。自分が関心あるテーマや勉強したいジャンルの本を、**優先順位の高い順番で目につきやすいところに並べる方法**は、とても効果的ですので、英語学習においても、それ以外の語学やキリスト教の勉強においても、今も常に実行し続けています。

　優先順位の高い順番で並べるなんて、あたりまえじゃないか、と思われる方も、いらっしゃるかもしれません。以前から実行されている方は、そのまま続けていただきたいですが、一般的には、既に読んで気に入った本を部屋の目立つ場所に並べる、という場合も多いのではないでしょうか。筆者も昔は、自分が影響を受けた本や、大好きな本から順番に本棚の良い場所に並べていました。現在は違います。**どれだけ気に入った本であっても、読み終えたものは目立つ場所には置かず、現在進行形で読んでいるものから優先的に良い場所に並べる**ようにしています。要するに、愛着のある順番ではなく、参照する必要のある順番に並べる、ということです。

　筆者は自分が過去に書いた本さえ見える場所には置いておらず、見返す必要がある時にだけ取り出します。見える場所に並べてあるのは、今、読んでいる最中の本（再読も含む）、あるいは参照する必要のある本だけです。愛着がある、という理由から本を飾ることは、少なくとも今の筆者はしていません。居住空間のスペースの問題もありますので、もしあなたが広い家に住んでいて、巨大な本棚をお持ちなら、もう少し自由度のある本の置き方になるかもしれません。そのような場合でも、自分にとって今、いちばん必要な本――スポーツ・チームにたとえると**即戦力の「一軍」の本**――は、常に目に入り、いつでも手に取れることが大切です。わりとすぐ取り出せる場所にあっても、いつも目に入るわけではなく、たまに存在を忘れてしまうのは「二軍」、簡単には取り出せず、持っているかどうかさえ定かではないものは「三軍」です。家にある本が少ない場合は、すべての本が「一軍」であると言えますが、本が増えてくると、どの本を「一軍」にするかの判断が重要になります。蔵書の多い方は、「二軍」と「三軍」の顔ぶれも、たまにチェックされたほうが良いでしょう。

　人間というのは、自分の脳内を周囲に再現する習性があります。あなたの部屋は、あなたの脳内そのものです。つまり、整頓された部屋に住む人は脳内も整頓されていますし、散らかった部屋の人は、あたまの中も、部屋に似た状態になっています。中には、散らかっているように見えて実は秩序がある、というケースも当然あるでしょう。これは、いつも目にするパソコン画面のアイコン表示やフォルダ分けにも、あてはまります。

この法則を逆手に取れば、部屋を整理することによって、あなたの脳内を整頓することができます。部屋の掃除をすると気持ちがスッキリするのは、そのためです。同様に、**本棚の本の並びを変えるだけで、あなたの潜在意識を常に目標に向けられる**のです。

英単語と英文法は、やりたくなければ気にしない

英語学習にはさまざまな方法が考えられますが、どのような手段を選ぶにしても、結局は、**英単語と英文法の勉強**に尽きます。英語を聴く「リスニング」、読む「リーディング」、話す「スピーキング」、書く「ライティング」――いずれの技能を使うにしても、その能力を支えているのは、英単語の語彙《ごい》と英文法の知識だからです。それは事実ですが、「英語は得意になりたいけれど、英単語や英文法の勉強は難しそうだし面倒臭いからやりたくない」と、腰が引ける方も多いでしょう。過去に何度か英単語や英文法の勉強に挑戦したものの、そのつど三日坊主で挫折した方も、いらっしゃるのではないでしょうか。

第1章で書いた通り、「これなら、できるかも。やってみたい」と思ったことにのみ挑戦するのが三日坊主メソッドの基本原則です。英単語や英文法の勉強については、「これなら、できるかも。やってみたい」と感じられない段階では、やらなくても構いません。できると信じられないこと、やってみたいと思えないことを続けるのは難しく、そうした無理をした挑戦は三日坊主で終わって当然ですし、大きな成果は期待できないからです。

筆者も、大学時代に部屋に洋書のペーパーバックを飾っていた頃には、英単語や英文法の勉強は、まったくしていませんでした。ペーパーバックをパラパラとめくってみても、ほとんどすべての英単語がわからないですし、なにが英文法かさえわからないので、英単語や英文法を勉強して読んでみよう、という気にさえならなかったのです。当時は、ただ手に取り、「これが、あの憧れの作家が過去に実際に書いたままの英文なんだな……」と、その作家がワープロで執筆している姿の想像を楽しんでいただけでした。

英単語と英文法の勉強を放棄した場合、どういうことになるでしょうか。**英単語や英文法をまったく勉強しなくても、必須フレーズを丸暗記すれば、簡単な日常英会話をこなすことはできます。** 一例として、“Good morning.”（＝おはよう）や“Thank you so much.”（＝どうもありがとう）などのフレーズを、英単語や英文法だと認識する人は、あまりいないでしょう。ひとつのフレーズとして丸暗記している方が多いはずです。そのように、簡単な日常英会話だけなら、基本フレーズをおぼえるだけで事足りる場合は、実際にあります。海外旅行での買い物で店員さんと、あるいは現地の人たちと簡単な英会話を楽しみたいだけなら、基本フレーズを丸暗記する方法でも良いと思います。

あるいは、好きな洋楽を毎日ヘビー・ローテーションで聴き続けていたら耳に残るフレーズを自分でもマネできるようになった、とか、洋画や海外ドラマを観ているうちに英会話で何度も出てくるフレーズを自然におぼえてしまった、ということもあるはずです。筆者は学生時代から30歳くらいまでの10数年、マジックを趣味としており、当時はデビッド・カッパーフィールドというマジシャンの全盛期で、彼のマジック番組を録画し、ビデオテープが伸びきるまで、のべ数百回、観たことがあります。当時は英語力ゼロだったのでセリフの意味はわからなかったですが、あまりにもくり返し観ていたおかげで、セリフの一部は聞こえる音のまま丸暗記してしまい、今でもおぼえているほどです。そのように、好きなものを続けているだけで英語のフレーズが身につくことはあるのです。

仮に今、ご自分は英語力ゼロだと思われている場合でも、“I love you.”（＝愛してる）や“Oh, my God!”（＝なんてことだ！）というフレーズを知らない方は、おそらく、いらっしゃらないでしょう。「さすがに、そのくらい知っている」と思われるはずです。そうしたよく耳にするフレーズを今後は意識してみよう——とアンテナを張っておくだけで、「そのくらい（知っている）」の幅を少しずつ広げていくこともできます。それも立派な学習だと言えます。英会話で本当によく使うフレーズというのは限られていますので、洋画や海外ドラマを観るだけで習得することも、不可能ではないでしょう。

そのように、ご自分が「これなら、できるかも。やってみたい」と感じられる方法を続けながら、気になった英単語や英文法だけ、思い立った時に調べてみるのは理想的な姿勢です。ひとつのフレーズに用いられている英単語の意味や英文法を調べるだけなら、インターネットで検索すれば、すぐに答えが見つかる時代です。それをくり返しているうちに知識のベースができて、英単語の語彙や英文法の知識をもっと本格的に増やしたい気持ちが強まってきたら、その時に初めて本などで学習すれば良いのです。その場合も、うまくいかなければ「何度やり直してもいい」のが三日坊主メソッドです。

英語学習において、英単語と英文法は両輪です。なので、あなたが最短距離で英語力を高めていきたい場合は、最初から英単語本や英文法書を活用してこつこつ勉強するのも、もちろん、悪いことではありません。それどころか、「正しい英語勉強法」です。ただ、

「険しい近道」を選んで無理をすると3日も保《も》たずにすぐ挫折して、学習そのものをあきらめてしまう可能性もあります。そうなるよりは「楽しい回り道」で、ヤル気が湧いてくるまでは無理をして英単語と英文法に取り組むことはありません、ということです。

興味のない英語の技能は切り捨てても困らない

英語の4技能――リスニング、リーディング、スピーキング、ライティングのすべてをあなたが必要としているとは限りません。たとえば、あなたの希望が「日常英会話で不自由しなければ良い」なら、日常英会話に特化したリスニングとスピーキングの勉強だけでもいいのです。あるいは、「英語のテキスト（小説や雑誌、新聞、インターネット上の記事など）を読めたら充分だ」という場合は、リーディングの勉強だけで問題ないでしょう。だれかが「そのスキルだけでは英語ができるとは言えない」と言ってきたとしても、気にすることはありません。あなたは別に、「英語の4技能オリンピック」で優勝したいわけではないはずです。あなたの目標に応じた英語技能が身につけば充分で、必ずしもすべての技能を身につける必要はない、ということです。

これから学習をスタートされる方が、「ひとつの技能だけでも難しいのに、英語の4技能をすべてマスターするなんて無理だ」と思われるのは当然の心理です。たしかに、4技能すべてをまんべんなくマスターするのは、どんな優秀な学習者であっても簡単ではありません。ですが、そもそも英語の4技能すべてを均等に必要としている方というのが稀で、まずは、あなたが将来使いたい技能をひとつかふたつだけに限定してしまえば、必要な労力は4技能すべて同時に学習する時の半分か4ぶんの1で済むのです。

たとえば、英語については洋楽の歌詞を聴き取れれば満足、という方であれば、リスニング学習と大げさに構える必要すらなく、好きな気持ちに忠実に洋楽を楽しみ続けるだけで、かなり学習効率は増すでしょう。あるいは、仕事で英文メールを読んだり書いたりする必要性があるので、リーディングとライティングだけできれば良い、という場合は、英文メールの書き方についての指南書を参考にメールを書く練習をくり返すことで、目的を最短距離で果たしやすくなります。逆に、あなたの目的が英文メールを読み書きすることなのに、ひたすら洋楽を聴き続けるだけの学習では、なかなか成果は出ないでしょう。

要するに、あなたの目標を具体的に絞ることで、まずはその実現だけを考え、ほかの技能を切り捨てるのです。**「やりたいことを、やりたい時に、やりたいだけやる」**のが三日坊主メソッドの極意で、絞り込んだ目標の達成を劇的に早められます。4技能すべて勉強しようとすると、どれも中途半端になりがちな三日坊主の方でも、ご自分がいちばん関心のあるひとつかふたつの技能に絞り、「やりたいことを、やりたい時に、やりたいだけやる」のであれば、挫折リスクを減らせて、目標を達成できる確率が大幅に高まります。

そして、ひとつの技能を体得し始めれば、ほかの技能をマスターするのは、ゼロから始めるより容易になります。最初にひとつかふたつの技能を高めることに専念すれば、結果的に4技能をマスターしやすくなるのです。もちろん、習得が容易になったとしても、必要ない技能については、永遠に勉強しないままでも問題ないでしょう。

正しい発音がわからない、と悩まなくていい

英語学習をスタートさせたいと思い立った人は、「でも、自分に正しい英語の発音ができるだろうか」という不安を抱くケースが多くあります。英語と日本語では発音の仕組みが異なりますから、英語のノンネイティヴ・スピーカー（＝英語が母国語ではない人）であるわれわれにとって、ネイティヴ・スピーカー（＝英語が母国語である人）のように綺麗な発音をすることは、もちろん、決して簡単なことではありません。ですが、あなたの目的が「発音の綺麗さを競う選手権」で優勝することでない限り、発音への苦手意識を理

由に英語学習そのものに及び腰になる必要はないのです。

　世界で英語を話す27億人のうち、英語が母国語のネイティヴは、たった4億人しかいません。日常生活で英語を話す人の大多数（約85％にあたる23億人）はノンネイティヴですから、**不正確な発音で英語を話す人のほうが圧倒的優勢**なのです。ノンネイティヴ同士が会話する場合は、お互いに不完全な発音なので、片方の発音が綺麗すぎると通じず、カタコト発音のほうが通じやすくなるケースさえ実際にあります。もっとも、だから発音はどうでもいい、と言いたいわけではありません。少なくとも学習の初期段階において、正しい発音がわからなくても、なにも問題ありません、ということです。

　また、先に述べたように、あなたの目標が「英語のテキストを無理なく読めること」だけであるのなら、そもそも発音はまったく必要ありません。そのような学習者も実際にいらっしゃいますし、ご本人にとっては、それで充分であるはずです。

　あなたの目標にスピーキングとリスニングがある場合には、たしかに、どこかの段階で正しい発音にこだわる姿勢も必要になってきます。相手がネイティヴの場合は正確に近い発音のほうが伝わりやすいのは事実ですし、正しい発音を知っていたほうが、ネイティヴが話す英語を聴き取りやすくなるからです。ただし、「やりたいことを、やりたい時に、やりたいだけやる」のが三日坊主メソッドですから、気乗りしない段階では発音は無視して、ある程度、英語力のベースを築いてから学ぶのでも、まったく問題ありません。正しい発音がわからない、という点だけで、英語学習に苦手意識を抱く必要はないのです。

スペリングをおぼえられなくても問題ない

最初から無理して正しい発音を目ざす必要がないのと同様に、あなたが仮に英単語のスペリング（=アルファベットの並び）をなかなかおぼえられない（自分で書くことができない）としても、まったく問題ありません。昔だとそうはいきませんでしたが、現代は、大体のフィーリングでスペリングを入力すれば、パソコンやスマホのワープロソフトが自動的に修正してくれるからです。日本語のなにかの漢字を、直筆では自信を持って書けないとしても、見てわかればキーボード入力する上では問題ないのと同じことです。

以前、ある小説イベントにともに出演した作家仲間のひとりが、読者からサインを求められた時に、「あれ、自分の名前の漢字を、ど忘れしてしまった……」と、真剣に焦っておられたことがありました。筆者も、サイン会などで読者のお名前を宛名として書く際、小学生でも知っている簡単な漢字のはずなのに、いざ書こうとすると、「これで正しかったかな……」と不安になって冷や汗をかいたことが、正直、何度もあります。

そうしたケースは決して珍しい話ではなく、パソコンやスマホのワープロソフトに頼りきった現代人の、だれにでも当てはまる話ではないでしょうか。つまり、いつもワープロで漢字を変換している人は、たとえそれがよく知っている漢字で、見れば問題なく読めるとしても、直筆では書けなくなってしまうことがよくあるのです。

筆者は、日本語の小説を毎日英訳していますが、その作業においても、同じようなことが起こります。たとえば、「困惑」を意味する英単語は、あえてカタカナで書くならエンバラスメントとなりますが、bやrやsの数で迷うことは、よくあります。たとえば、次のように候補が並んでいたら、どれが正解か、あなたは瞬時に見抜けるでしょうか。

(A) embbarasment　(B) embbarrasment　(C) embbarassment　(D) embbarrassment
(E) embarasment　(F) embarrasment　(G) embarassment　(H) embarrassment

こんなの紛らわしすぎる！　と、それこそ〝困惑〟されるかもしれません。

grabbed（＝つかんだ）のように、bで終わる動詞の過去形など、bがふたつ連続する英単語も多いので、つい迷ってしまうことはありえます。もしあなたが、エンバラスメントのbはひとつだとおぼえていれば、まず、(A)から(D)は削除できます。が、rとsがひとつずつか、ふたつずつか、どちらか片方だけふたつであったかで迷われることもあるはずです。なぜなら、英単語には、そのすべてのパターンが考えられるからです。たとえば、rがひとつでsがふたつならgrass（＝芝生）、rがふたつでsがひとつならarrest（＝逮捕する）、rとsがひとつずつならforest（＝森）などが挙げられます。エンバラスメントの場合、bがひとつでrとsがふたつずつの(H)が正解となります。

右の例のように、ひとつの単語ごとにスペリングに神経質になりすぎると、単語をおぼえるのが嫌になってしまうでしょう。ですが、エンバラスメントという音とだいたいのスペリングをおぼえていれば、ワープロソフトで入力すると、bやrやsの数が間違っていても、自動修正してくれます。学生さんであれば、テストなどで正しいスペリングを書かされる機会も多いでしょうが、社会人の英語アウトプットはパソコンかスマホを使うことがメインになるでしょうから、スペリングは、そこまで気にしなくて良いのです。

ワープロソフトを頼りにしている限り、いつまでもスペリングをおぼえられないのでは、と思われる方も、いらっしゃるかもしれません。もしあなたが、筆記試験のある英語資格に挑む場合には、スペリングも意識されたほうが良いでしょうが、その場合も、最初から神経質になりすぎず、まずは漠然とでもおぼえられれば、ワープロソフトで何度も修正されているうちに記憶は矯正《きょうせい》され、少しずつ強固に定着します。

　現代人の多くが複雑な計算をExcelや計算機に任せるように、スペリングのチェックはワープロソフトの自動修正に任せる、という〝開き直り〟があっても良いでしょう。ペーパーレス化が進む現代社会において、紙に直筆で英単語を書く機会は劇的に少なくなっていますし、どうしても直筆で書く必要がある場合は、スペリングに自信がなければ、パソコンかスマホを参照すれば良いだけの話です。

　実際、筆者は毎日、たくさんの英文を生み出し続けていますが、そのほとんどすべてはパソコンあるいはスマホ上での入力作業なので、直筆だと書き損じてしまう英単語がいくつもあると思います。それは、多くの日本人が「魑魅魍魎」「憂鬱」「躊躇」などの漢字を、たとえ読めても自分の手で書けないのと同じようなことです。

　ですから、英単語のスペリングをおぼえられないことで、思い悩まれることはありません。日本語の難しい漢字と同じで、「見てわかる」レベルになれば充分なのです。

学習初期は、秘密の趣味として楽しもう

　あなたが自分好みの英語学習をスタートされた際、注意すべきは、最初は周囲の人に言わず、秘密の趣味として楽しむことが理想、という点です。たとえあなたが心から信頼する長年の友人や同僚、愛する家族などであっても、あなたが英語学習をスタートしたと知ったら、「大人になってからやり直し英語学習？　ほかに、やるべきことがあるのでは？」「そんな簡単に英語が身についたら、だれも苦労しない」「時間のムダ。絶対やめたほうがいい」などと言われることも考えられるからです。筆者自身、学習スタート時には、周囲のほぼすべての人から、そのような意見をもらいました。また、似たような経験をされた方を何人も知っていますので、だれにでも起こりうる事例だと理解しています。

　あなたのことを本当に好きで、互いに信頼関係ができている相手であっても、今まで英語に無縁であったあなたが英語学習をスタートしたことに、先方が強い拒絶反応を示すことは、現実に起こりえます。なぜなら、**周囲の人は、あなたが「こういう人であるべきだ」という勝手なイメージを持っている**からです。中には、事実（＝実際のあなた）と異なる相手の偏《かたよ》った思い込みも、当然あるでしょう。ともかく、身近な人ほど、あなたは「こういう人だ（こういう人であってほしい）」というイメージを持っています。今までの

あなたが「英語に無縁の人」であった場合、あなたが急に学習をスタートさせ、英語が得意になり始めると、相手の中でそれ以前にあったイメージが崩れてしまうため、周囲の人は当惑し、それが拒絶反応という形で返ってくることも珍しくないのです。

あなたの周囲にいる人というのは、あなたとの関係性が既に築かれている人で、ふたりはバランスのとれた状態にあります。ですが、仮にあなただけが英語を勉強し始めて、高い目標へと飛翔《ひしょう》を始めると、相手は相対的に自分が下がったように感じて、あなたを引きずりおろすために、否定し始めるのです（たとえ相手が以前から英語のできる人でも、あなたが急に英語が得意になれば、相対的には相手の位置が下がることになります）。

たとえば夫婦の場合、あなたが急に英語学習を始めたら、「英語なんて勉強せずに、もっと仕事（あるいは家のこと）をして！」と、パートナーに言われるかもしれません。切実な本心ということもありえますが、安定した関係にあったはずのパートナーの片方だけが自分磨きを始めたことへの焦りや寂しさが表出した、という場合もあるはずです。

もちろん、すべての方がそのような拒絶反応を示すとは限りませんが、これは**「ドリーム・キラー（＝他人の夢を壊す人）」**と呼ばれる人種（あるいは現象）で、恐ろしいのは、だれしも無自覚でそうなってしまう可能性がある、という点です。

筆者は過去に出した複数の本で幾度もドリーム・キラーについて書いたのですが、英語学習そのもの以上に、ドリーム・キラーについての記述で驚くほど大きな反響をいただきました。中には「ドリキラ」と省略される読者もいらっしゃるくらい、非常に身近な存在として受け取っていただけたようです。多くの読者が「私の周囲にもドリーム・キラーが何人もいます」「私自身がドリーム・キラーにならないように気をつけたいです」などと感想を送ってくださったのは、たとえ意識していなくても、つい夢を追う他人に反発するドリーム・キラーになってしまいがちな人が多いから、だと思います。筆者の英語イベントに参加してくださった有名企業の管理職の男性が、「私も部下のドリーム・キラーになってしまっていたかもしれません……」と、悄然《しょうぜん》とうなだれていたこともあり、多くの人にとって極めて重要なテーマなのだと考えさせられました。

筆者自身、「大人のやり直し英語学習」の開始時だけでなく、何度もドリーム・キラーに苦しめられてきました。学年最下位の成績から論文受験で大学合格を目ざしていた時や、作家になることを志して日夜創作していた頃、ＴＯＥＩＣの満点達成に挑んでいた時期、小説の英訳活動の開始を模索していた期間、キリシタン大名と宣教師の小説を書くためにポルトガル語やラテン語、そして、キリスト教の学習に励んだ数年間など――。それまで理解者だと思っていた人たちの多くがドリーム・キラーとなり、筆者の挑戦を「そんなのは絶対に無理だ」「時間のムダだから、やめるべきだ」と妨害してきました。自分が信頼する周囲の人たちから、悪魔の形相《ぎょうそう》で「これだけ忠告しているのに、なぜあきらめない？今すぐやめるべきだ」と思いがけず感情的に攻撃されるのは精神的には本当に苦しい体験でしたが、こちらがいざ大目標を達成すると、全員が急に天使のような笑顔になり、「きみならやれると思っていた」「私だけは最初から、ずっと信じていたんだ」と、てのひらを返すことも、自分の経験から学習できました。筆者は、そうした人間の傾向を批判したいわけではありません。**人間というのは、そういうもの**——と、今では理解していますし、だからこそ、自分自身がドリーム・キラーにならないよう気をつけています。

　あなたの英語学習に反対する人たちは、あなたをイメージの枠に嵌《は》めてコントロールしたいがために、そして、あなたの上昇によって自分の位置を相対的に下げないように、無意識に（人によっては自覚的に）反対しているだけです。あなたの学習が成功すれば、すぐさまてのひらを返し、「あなたなら成功すると思っていた。私は最初から応援していた」と笑顔で語れるのが人間です。なぜなら、あなたの挑戦を相手が「無理だ」と言った場合、あなたが成功すると、相手は自分の予測が外れたことで、自分自身が間違っていたと認めることになるのです。自分の非を潔く認められる人はなかなかいませんから、自分を否定しないために、あなたの挑戦を最初から認めていた——と、記憶を都合よく改竄《かいざん》するしかありません。だからこそ、人々は、てのひらを返します。

筆者は最初にこの〝てのひら返し〟を体験した時には人間不信にもなりましたが、その後も2度、3度とくり返すにつれて、「そういうものなんだ」と学習できました。ドリーム・キラーの人たちも、あなたを愛し心配する気持ちは真実であることが多くあります。**そうしたダメ出しは、あなたが成功すれば消え去る、逆風の幻想でしかない**のです。

三日坊主の人は、他人からの影響がなくても挫折しやすいのですから、他人から影響を過度に受けて、ご自分からさらに挫折しやすくすることはありません。三日坊主の人であれば特に、ドリーム・キラーは意識して遠ざけるべきです。物理的に遠ざけることが難しい場合には、相手の苦言に耳を閉ざし、心を閉ざすだけでも防御できます。

他人との比較より、あくまで自分の気持ち

どのような方法を最初に選択されるとしても、あなたが英語学習をスタートさせたら、身近なところにいる英語が得意な人や英語を勉強している人たちのことが気になり始める

のは自然なことです。それ以前は聞き流していたことでも、あなたが英語へのアンテナを張り始めたことで、ほかに英語を勉強している人の情報が入ってくるのです。

たとえば、あなたがいつか大好きな洋楽の歌詞を聴き取って楽しめるようになりたいのなら、既にその状態にある人が気になり、なにかのヒントを得たくなるでしょう。あるいは、あなたがＴＯＥＩＣに挑戦すると決めたのなら、既にＴＯＥＩＣで高い結果を出している人が気になり、その人の成功談から学びを得たくなるかもしれません。

ですが、山頂へ通じる道がひとつではないのと同じで、英語学習でたどるコースも、進むペースも人それぞれです。別のコースを歩むほかの学習者を必要以上に気にしなくて良いのです。逆に、たとえあなたは他人を気にしなくても、あなたが英語学習をしていることを周囲に発表すると、だれかがあなたを意識することも考えられます。ドリーム・キラーのようにダメ出ししてくる場合には、もちろん、物理的――あるいは精神的にシャットアウトしたほうが良いですが、厄介なのは、ドリーム・キラーではないものの、マウンティング（＝自分のほうが優位だと誇示）してくる場合です。

こうした、**「マウンティング・パーソン（＝自分の優位性を示したがる人種）」**は、ドリーム・キラーと違って、表面的には、あなたの学習を支持し、応援している素ぶりを見せつつ、あなたの学習とその人の学習（あるいは元々の英語力）を比較するような場合もあります。このタイプは、「あなたは今、そんな段階なんだね。私は、このくらい」と、暗に自慢し、意識的にか無自覚にか、マウンティングしてくるのです。

表面的には理解者、支持者であるようにも見えるので、つい心を許してしまうかもしれませんが、マウンティング・パーソンもドリーム・キラー同様に危険な存在です。ドリーム・キラーのようにわかりやすい批判ではなく、マウンティング・パーソンは**応援を装ったダメ出し**をしてくるので、その攻撃を何度も受けると、じわじわと精神を蝕《むしば》むようにヤル気を削《そ》がれてしまうリスクがあります。ドリーム・キラー同様に物理的に遠ざけるか、遠ざけられない相手であれば、耳と心を閉ざして話を聞き流したほうが良いでしょう。

英語学習において重要なのは、**他人との比較より、自分の気持ち**です。あなたが「これなら、できるかも。やってみたい」と感じる中から「やりたいことを、やりたい時に、やりたいだけやる」三日坊主メソッドを貫けば、あなたの英語力は少しずつでも確実に成長し続けます。その学習に他人が出る幕は、本来はないのです。もちろん、成果が出始めると、だれかに知ってほしい、だれかにホメてほしい——といった自己承認欲求が芽生えるのも自然な心理ですが、ドリーム・キラーやマウンティング・パーソンに話すのは逆効果になりますので、その点は、くれぐれも、お気をつけください。

仲間やサポーターと出会ったら大切に

他人は気にしなくていい、と書きましたが、もしあなたが同じようなレベルでいっしょにがんばれる学習仲間や、あなたの学習に決してダメ出しせず、マウンティングしてくることもなく、ひたすら応援してくれる人を見つけたら、その存在は、あなたを良い方向に導いてくれる守護天使のように貴重ですので、大切にしてください。

英語学習はチーム競技ではなく、あくまで個人種目です。いっしょにがんばってくれる人や応援してくれる人がいなくても、そのこと自体に問題はありません。学習仲間や理解者がいないから成功できない、という法則はないです。とはいえ、学習仲間や理解者たちの励ましに学習をあと押しされて成功が早まる場合は多いので、いっしょにがんばれる人や、親身になって応援してくれる人が見つかるなら、間違いなくプラスになります。

一般的な社会生活における人間関係では、さまざまなしがらみもありますので、良き理解者とだけつきあう、というのは、難しい面もあると思います。ですが、英語学習においては、ひとりのドリーム・キラーに心ないことを言われただけで挫折してしまう人が多くいます。たとえ、ふだんは継続力のある人でも、ドリーム・キラーにダメ出しされただけで学習をやめて、２度と再開できないくらいショックを受けるケースは決して珍しくありません。ですから、なによりも重視すべきは、ドリーム・キラーやマウンティング・パーソンを遠ざけることであり、逆に、もしあなたの学習仲間や理解者になってくれる人に出会えたら、その人たちを大切にされることが学習の進展につながります。

学習仲間や理解者——**あなたのサポーター**——は、あなたが学習に行き詰まりを感じた時や、成果が出ずに落ち込んだ時に励ましてくれる、まさに守護天使と言える頼もしい存在です。そうしたサポーターが、ひとりでもふたりでも見つかるのであれば、あなたの英語学習が成功する確率は飛躍的に高まるでしょう。

理想のサポーターさえ見つかれば、あなたの英語学習はかなり高い確率で成功します、と言えるほどです。多くの学習者は、そうしたサポーターが見つからないので、とりあえず英語講師や英語コーチを頼るのです。それも、もちろん悪いことではありませんが、ＳＮＳなどインターネット上では、〝天使の仮面をつけた悪魔〟も多く潜んでいますので、サポーターを見つけるつもりでドリーム・キラーやマウンティング・パーソンを引き寄せてしまわないように、その点は用心されたほうが良いでしょう。

学習に孤独を感じ始めた時のマインドセット

ご自分なりの英語学習を始めて、何度も中断しつつも徐々に続けられるようになってきたら、あなたの学習は滑走路から大空へ離陸した状態です。毎日でなくても続けられる手応えが得られたら、あなたの学習は安定飛行に入った、とも言えます。

ある程度続けられるようになったことで、時に孤独感を抱かれることがあるかもしれません。特に周囲に理解者がいなかったり、学習することに周囲から反対されたりしている場合には、「自分は、ひとりでがんばっている」という孤独感を抱くのは当然の心理です。三日坊主で終わる短距離走なら孤独感をおぼえるヒマもないのですが、学習開始から数週間、数か月が経てば、いわば中距離走、長距離走ですから、ひとりで走り続けている孤独を意識されるのは、ごく自然な感覚です。

あなたの周囲に互いに励まし合える学習者がいる場合であっても、実は、状況はあまり変わりません。なぜなら、**学習している最中は、常に、ひとり**だからです。ひとつの場所にふたり以上で集まって、いっしょに勉強する場合でも、あなたの脳内に知識をインプットするのは、あなた自身にしかできないのです。

たとえば、何人かで集まって〝英語学習〟として海外ドラマを観る会があったとします。

その時、だれかが「この表現、勉強になるよね」と言ったとして、「なるほど、たしかにそうだ。このフレーズはおぼえておこう」と思った人にとっては学習になりますが、その時、あなたがほかのことを考えて聞き流してしまったら、勉強にはなりません。要するに、**勉強というのは原則的に「ひとりでする作業」**、ということです。

学校や塾で勉強する時でさえそうです。ひとつの教室に何人もの生徒がいたとしても、ひとりひとりの生徒にとっては、実は先生と1対1の関係にあります。マラソンで言えば、あなたが多くの選手たちの中で走っている時、沿道から声援を送ってもらうことはできますが、**あなたを走らせるのは、あなた自身だけ**なのです。

勉強それ自体は、孤独な行為です。なので、あなたの勉強について、他人になにかを期待しすぎると、必ず失望を味わうことになります。「自分がこんなにがんばっているのに、他人はホメてくれない」と考えると、不満しか生まれません。ですが、「勉強は、ひとりでする作業なので、他人の声援はなくて当然」と思っておけば、だれかがあなたを応援してくれた時、ものすごくありがたくて、感謝の気持ちが素直に湧いてきます。なにごとにも当てはまる話ですが、なにかの恩恵を「当然あるものと期待する」か、「ない前提で臨む」かで、同じできごとから受ける印象は、まったく異なるのです。

勉強というのは最初から最後まで孤独ですが、そうでない瞬間もあります。ふだん自分の勉強をがんばっている者同士で会って、互いに讃《たた》え合う時です。勉強自体は、ひとりでしかできませんが、その孤独の価値を知っている同士であれば、相手の努力をわがことのように理解し、レベルの差に関係なく、マウンティングすることもなく、心から相手を讃えることができます。そのような相手と過ごすのは、たとえ短時間でも至福ですし、次のそのような機会のために、またがんばろう、という原動力にもなります。その意味でも、共に讃え合える学習仲間が見つかれば、こんなに素晴らしいことはありません。

気が向いた時にだけする、気楽な趣味でいい

ほとんどの英語指導者は、「少しずつでも毎日勉強したほうが良い」と言うでしょう。筆者も、それが理想の、「正しい英語勉強法」であることに異論はありません。実行できる方であれば、少しずつでも毎日学習されることがベストです。が、まさにその毎日継続することこそ、三日坊主には、いちばん難しいことなのです。

それゆえ、三日坊主メソッドにおいては、毎日継続することは最重要ではありません。第1章でご紹介した「学習をコントロールするための記録術」は、毎日継続できないこと

を前提にしている方法なのです。

毎日続けなくてはならない――ということがノルマになってしまうと、自分から望んで始めたはずの英語学習が、途中から続けるのがつらくなり、ストレスになってしまうことも考えられます。義務感が生じると、楽しさより、つらさが増すのです。また、毎日継続が必須条件になってしまうと、お仕事やプライベートの重大な用事でどうしても学習できなかった時、たった1日のストップで、ヤル気をなくしてしまうリスクさえあります。

たしかに、最短距離で最大限の学習効果を出すためには、毎日継続したほうが良いことは間違いありません。それに、「〇日連続学習」という自分史上最高記録を更新し続けることは、本当に素晴らしいことです。だとしても、常に、**「できない時は、無理をしない」**という三日坊主メソッドで気楽に構えておいたほうが良いのは、ショートカットを急ぐあまり、挫折してしまうのでは元も子もないからです。

三日坊主の学習においては、「何度やり直してもいい」と「できない時は、無理をしない」というふたつの心構えが非常に重要です。これらの基本ルールさえ忘れなければ、たとえ数週間とか数か月、学習がストップしても、〝やめた〟ことにはなりません。ただ〝休んでいる〟だけです。**単なる言葉のトリックでも、人生が変わるほどの差を生みます。**

プロスポーツ選手の例で考えてみてください。負傷や急病などのアクシデントで休むことになった選手は、しばらく試合に出られなくても、練習できない時期が続いても、〝やめた〟わけではありません。やめたことになるのは「引退する」と決めた場合だけで、状況が整えばまた挑戦しよう、という気持ちがある限り、どれだけブランクがあっても〝休んでいる〟だけなのです。

勉強したい気持ちはあるけれど、諸条件や気持ちが整わず実行できない時に、「勉強を続けられない自分はダメな奴だ」と嘆くか、それとも、「こんなに忙しい時でさえ、いつか学習再開しようと思っている私って、すごい？」と自分をホメてあげるかで、未来は大きく変わります。

何回中断しようが、どれだけ期間が空こうが、あなたの中で、「いつかまた勉強したい」という気持ちがある限り、「何度やり直してもいい」のです。成功法則の本では、「〝いつか〟は永遠に来ない。だから今やりましょう」などと書かれていることが多いのですが、あなたの中に1度でも芽生えたヤル気は、２度とゼロになることはありません。

〝いつか〟――その素晴らしい機会は、必ずや訪れるのです。

第3章　ストレスを避けて少しずつ英語力を高める

最初から大きなコストをかけなくてもいい

一念発起して「大人のやり直し英語学習」をスタート（あるいはリスタート）される際、コストが比較的安価で、お手軽なオンライン英会話よりも、あえて授業料の高い英会話スクールや高額の英語教材から始められる方も、少なくありません。栄養ドリンクは高ければ高いほど売れる、という話を耳にすることもありますが、「高いほうが効きそう」と、お考えになる心理は理解できます。あなたが本心から、「これなら、できるかも。やってみたい」と感じられるのであれば、その英会話スクールや英語教材から始めるのがベストですが、「やってみたいわけじゃないけれど、よぶんにお金を払うことで学習をショートカットしたい（英語習得にかかる時間や労力を減らしたい）」という理由がメインでコストのかかる方法に挑戦されるなら、それこそ三日坊主で終わってしまうかもしれません。

海外などの遠方に旅行される場合であれば、たしかに、お金をかけたほうが早く到着できることはあります。たとえば、電車や車、船などだとかなり時間がかかる場所へ行く際も、飛行機やヘリコプターを利用できれば、大幅に所要時間を短縮できます。ですが、**英語力向上のスピードは、費やしたお金には比例しません。**お金をかけたぶんだけ英語力が上達する——という法則は、残念ながら存在しません。ショートカットするためにお金をかけて、英語指導のスペシャリストを専属契約で雇い、つきっきりで指導してもらう方法なども考えられますが、それをすれば必ず上達する、とは限らないのです。

もちろん、世の中には「形から入りたい」という方も多くいらっしゃいます。ジョギングを始める際は、装備一式を整えないと始められない、といったケースです。英会話スクールや英語教材に、まず、まとまったお金を払ってしまう、というケースの中には、会社などから補助金を得るためには長期契約が必要だから、という理由もあるでしょう。そうした事情も含めて、英語を勉強するしかない環境に自分を追い込む——「形から入る」方法を好まれる方も多いはずです。それがあなたのいちばんやりやすい方法であるのなら、もちろん、それでも良いと思います。

一般的には、英語力ゼロの段階で、いきなり英会話スクールや英語教材に挑まれた場合、成果が出なくても、それらを利用している状態に満足してしまい成長できないケースも多いのですが、だれもがそうなるとは限りません。そうした手段が向いている方であれば、成功できる可能性もあります。筆者が念を押したいのは、**お金をかけなければ成功できない、というのは単なる思い込みにすぎない**——ということ。この恵まれた現代社会、大してコストをかけずに英語学習で成果を出せる方法が、いくつも存在しているのです。

1回のレッスンに限定すれば、かなり安価なオンライン英会話もありますが、レッスンを数回重ねるだけで、たちまち本の価格を上回ります。そして、一般的な英会話スクールや英語教材に費やすお金と比べれば、本の値段は、はるかに少額で済みます。英会話スクールや英語教材に多額のお金を支払うなら、同じお金で数十冊の価値ある本を購入されたほうが、はるかに効果が大きいでしょう。本だけでなく、特にＮＨＫやYouTubeなどは、ほとんどコストが発生せずに、かなり有意義な学習ができる点で、特筆に値します。

ＮＨＫの番組は、4月を逃してもスタートできる

大きなコストがかからない英語学習として、まず浮かぶのが、ＮＨＫのテレビやラジオの英語番組です。優れたプログラムが多く、レベル別に数種類あるので選びやすいです。たいてい4月スタートなので、その時期を逃すと始めづらいかもしれませんが、「やりたいことを、やりたい時に、やりたいだけやる」のが三日坊主メソッドの鉄則ですから、たとえ4月を逃しても問題ありません。興味が湧いた時には、途中からでも、まずは気楽に試してみましょう。最初はテキストなしで構いませんので、テレビやラジオの番組を体験

してみて、面白そう、と思った場合には、テキストや音声CDのバックナンバーを購入することも可能です。もちろん、中にはNHKを観ない、聴かない――という方もいらっしゃいますので、ご自身のお好みで選択されれば良いと思います。三日坊主メソッドの大原則は「これなら、できるかも。やってみたい」という方法を選ぶことですので、なによりも、あなたが「やってみたい」と感じられるかどうかが重要です。

筆者自身としては、こんにちの自分があるのは、NHKの英語番組のおかげですので、純粋に感謝しています。筆者は、学生時代にもNHKの英語番組を何回か観たことはありますが、それこそ3日も継続できずに毎回挫折していました。ですが後年、30歳を過ぎて、英語学習に興味が湧き始めていた頃、たまたまテレビでNHKの英語番組を観たことが、「大人のやり直し英語学習」を本格的に始める最大のきっかけとなりました。

それは2005年の冬のことで、観ていた民放の番組がCMのため中断され、手持ち無沙汰で、なにげなくテレビをザッピングしている時に、NHK教育テレビで再放送されていた大西《おおにし》泰斗《ひろと》先生の『ハートで感じる英文法』という番組にチャンネルが合いました。教育テレビにチャンネルを合わせる習慣さえなかったので、まさに偶然でしたが、引き込まれるように魅了されて、英語学習への興味を強めることになりました。あの時、あの番組を偶然にも観ていなければ、おそらく今の自分はない——と断言できるほどです。

当時の筆者は、まだ英語がまったくできなかった段階で、特に英文法には根深い苦手意識を持っていました。ところが、大西先生の『ハートで感じる英文法』の再放送をたまたま観たことで、「あれ？　英文法って、もしかして、面白いのか？」と、初めて意識が変わりました。その直後に『ハートで感じる英文法』の続編番組も始まり、好奇心からそちらも欠かさず観たことで、筆者の英文法への苦手意識は、ずいぶんなくなったのです。

大西先生は、その後、何度もＮＨＫ英語番組の講師を務めていらっしゃいますし、番組を書籍化した本は、数十万部のベストセラーとなっているので、ご存じの方も多いと思います。筆者が驚いたこととして、のちに出会った英語学習仲間の中に、「大西先生の英語番組で英語学習に目ざめた」と語る人が何人もいたことです。しかも、そのうち何人かは、今では、英語本を何冊も書く英語指導者として活躍されています。もちろん、大西先生の番組だけでなく、ほかにも良いプログラムがいくつもあり、筆者はＮＨＫのおかげでずいぶん英語力を底上げしてもらいました。筆者ひとりの体験だけでなく、何人もの英語指導者が「ＮＨＫの英語番組こそ自分の原点」だと明言されています。筆者は、ＮＨＫとはなんの個人的なつながりもなく利害関係もありませんが、いち視聴者として、ＮＨＫのコンテンツのクオリティの高さは信頼して良い、と感じています。

無料でもかなり本格的な英語学習ができる時代

ＮＨＫの英語番組で学習する場合は、受信料に加えて、テキスト代なども発生するでしょう。それよりさらにロー・コストな学習として、YouTube が考えられます。

現在、YouTube にあふれる優れた英語学習コンテンツは、質・量ともに、驚嘆に値します。YouTube は、だれでも動画をアップできますので、世界中の優秀な英語講師や、英語上級者が、わかりやすい英語学習コンテンツを大量にアップロードしてくれています。そうした動画は数えきれないほどありますし、あらゆる細かいニーズに対応していますので、うまく活用すれば、無料で英語の達人になることも可能な時代です（厳密には、インターネットに接続する通信費、ルーターやモデムなどの費用は発生するので無料ではありませんが）。

たとえば、あなたが YouTube で「英語」で検索すれば、選ぶのに困るほど多くのチャンネルがヒットするでしょう。「英単語」「英文法」「英会話」「リスニング」「リーディング」「スピーキング」「ライティング」「ＴＯＥＩＣ」「英検」など、キーワードを限定しても、なお無数のチャンネルがヒットします。有名な英語参考書であれば、その本を使った勉強法を解説するチャンネルが、たくさん見つかるほどです。

そのように無数に存在している英語関連チャンネル群から、なにをどう選べば良いのか、だれにとっても選択は簡単ではありませんが、まずは検索結果として表示されるサムネイルの小さな画像を観て、純粋なフィーリングに従って、自分の興味が湧きそうなものから順番にチェックしてみてください。もちろん、最初に選んだものがいきなりあなたに合った内容であるとは限りませんが、何本か観ているうちに、必ず興味の湧くものに出会えるはずです。良いものを見つけたら、そのチャンネルのほかの動画を何本も観ていると、類似性のある関連動画をYouTubeが次々に表示してくれるので、それらを順番に追っていくだけでも、かなりの勉強になるのは間違いありません。

筆者がキリスト教の小説を執筆するために、ポルトガル語（厳密には、ヨーロッパで話されているポルトガル・ポルトガル語）とラテン語も勉強していることは先に述べましたが、そのふたつの言語の学習テキストは日本国内では数えるほどしかなく、どう学習すれば良いか、最初は困惑させられました（日本で販売されているポルトガル語のテキストのほとんどは、ブラジル・ポルトガル語のものです）。その後、ポルトガル・ポルトガル語については、英語で書かれたテキストに良いものをいくつも見つけられたので、学習が進展しました。そして、ラテン語は、本よりも、実はYouTube上にあるラテン語を英語で解説してくれているチャンネルが、とても参考になりました。YouTubeだけでもかなり勉強できるという事実は、英語だけでなく、あらゆる言語に該当するのです。

　あなたの英語学習が進んで、英語への抵抗感が小さくなってきたら、今度はYouTubeで「Vocabulary（＝語彙）」「Grammar（＝文法）」「Conversation（＝会話）」「Listening（＝リスニング）」「Reading（＝リーディング）」「Speaking（＝スピーキング）」「Writing（＝ライティング）」「ＴＯＥＩＣ」「ＩＥＬＴＳ」など、英語のキーワードを入れると、日本語で検索する時と比較できないくらい多くのチャンネルがヒットします。それらをさほど抵抗なく観られるようになったら、あなたの英語学習はYouTubeだけで事足りる、ということなのです。

　筆者は今でも、語学系のYouTubeチャンネルを毎日いろいろ観ています。筆者自身は、なにしろ継続が苦手な「三日坊主の権化」ですので、残念ながらYouTubeに特化して活動するほどのバイタリティも特性もありません。ただ、筆者が過去に出演した英語イベント関連動画は、YouTube上にいくつか存在します。本書を読んで筆者の過去の英語イベントに興味を持ってくださった方は、YouTubeで「清涼院流水　英語」で検索していただければ、関連動画が、いくつか出てくるはずです。それらの動画が少しでもあなたの英語学習のご参考になれば、そんなにも嬉しいことはありません。

英単語と英文法は、トライしたくなったら本を探す

ＮＨＫの英語番組やYouTubeの英語関連チャンネルをうまく活用すれば、それだけで初級者から上級者になることも不可能ではありません。その一方、英語力が向上するにつれて、英単語や英文法をもっと本格的に――しかも自分主導のペースで――やってみたい、という気持ちが強くなってくるケースも多いはずです。

英単語と英文法は紛れもなく英語学習の両輪だと言えますが、第2章で述べたように、あなたが乗り気にならない段階では、それらに特化した学習に無理に取り組まれなくても構いません。ですが、「英語学習をより充実させるために英単語や英文法を強化したい」という気持ちが自然に芽生えたら、新しいステージに進む機が熟した、と言えます。

YouTubeには重要な英単語を紹介したり、英単語の記憶法を提案したり、英文法について解説したりするチャンネルも多くありますが、それらは細分化されすぎていて、どこ

からどの順番で学べば良いか、混乱してしまうかもしれません。自分のペースで効率良く知識を底上げするには、本を使うことが、やはり、いちばん効果があります。

　本を選ぶのも、学習方法を選ぶのと同じ要領です。リアル書店で実物を見て回って選ぶにしても、オンライン書店で検索して選ぶにしても、あなたが「これなら、できるかも。やってみたい」と思えることが、なによりも大切です。オンライン書店で本の情報を見るだけでも選ぶことは可能ですが、よりあなたに合った本を選ぶには、リアル書店で実際に手にとって確認してみることがベストです。本の使いやすさは、物質としての本――本の大きさや厚さ、質感――とあなたの感覚的な相性に大きく左右されるからです。

　王道の「正しい英語勉強法」としては、あなたに合った英単語と英文法の本を1冊ずつ用意して、それをひたすらやり込むことが英語力を向上させる最短距離となります。ですが三日坊主メソッドは、ある意味では理想の英語学習の真逆です。**1冊と限定せず、飽きたら次々に本を替えながら、その数をどんどん増やしていくこと**を奨励します。

　1冊の本を飽きずにとことんやり込めるなら、それに越したことはないのですが、ひとつのことを続けられない前提の三日坊主メソッドにも、独自の良さがあります。筆者自身も生来の三日坊主なので、英単語や英文法の本を、なかなか継続できません。そのため、

「大人のやり直し英語学習」を開始した当初から常に複数の本を同時に使用していましたが、皮肉にも、それによって成長し続けることができた面もあると思っています。

たとえば、ある本（仮に「英単語本A」と呼びます）を使って学習したとします。そこに出てくる単語をなかなかおぼえられないこともありますが、複数の英単語の本を同時期に使用すると、別の本（英単語本Bや英単語本C、英単語本D……）でも同じ単語が出てくることが、非常によくあるのです。英単語本というのは、頻出単語を収録していますし、重要な単語であれば必ず多くの本で紹介されていますから、重複するのは当然でしょう。そして、**1冊の本で見ただけではおぼえられなかった英単語が、短期間に複数の本で立て続けに出会うと、はるかにおぼえやすくなる**、という面があるのです。

たとえば、ある人との出会いに置き換えて考えてみましょう。あなたがある日、Aさんという方と知り合ったとします。同じ日、あるいは数日中に予期せぬ場所でAさんとばったり再会したら、強く印象に残るでしょう。そうした偶然の遭遇が短期間に3度、4度と続いたら、どうでしょうか。1度だけ会った人より、短期間で3度、4度会ったほうがより強く印象に残り、**特におぼえようとしなくても、忘れにくくなる**はずです。

もちろん、同じ英単語本を短期間に何度も復習すれば、同じ人と何度も会ったのに似た状態をつくれます。ですが、同じ場所（同じ本）で同じ人（同じ英単語）とルーティンのように顔を合わせるより、毎回別の場所（別の本）で同じ人（同じ英単語）に何度も会ったほうがインパクトは増し、より強く記憶に刻まれやすくなるのです。

この法則は、英文法書を使う際にも同様です。英文法学習においても、ひとつの本でひとつのことを学ぶより、ひとつの知識を複数の本で学んだほうが記憶は定着しやすくなります。英文法書では、優秀な著者たちが、難しい英文法を、できるだけわかりやすい言葉で、あなたに解説してくれます。複数の英文法書を使えば、そうして親身になって解説してくれる自分専属の先生を何人も抱えられる、ということなのです。

英単語や英文法の本を難しいと感じる理由

オンライン書店で本を購入した場合、実物を手にしてみると、「あれ？ なんだかイメージと違う……」などと感じられることが、あるかもしれません。それは、先に述べた通り、オンライン書店で見た時には、本の質感までは体験できないからです。

また、リアル書店で実際に手にとって、「これは良さそう」と気に入って購入した本であっても、いざ使い始めると、違和感が生じて続けられなくなることがあります。それは、あなたの期待と内容がズレていたためで、中でも、「思っていたより難しい」と感じて挫折する場合が多くあるはずです。難しさには、内容とノルマの2種類あります。

多くの英単語本では、著者によって「1日に30語ずつおぼえましょう」といった毎日のノルマが設定されているのですが、そうした課題のほとんどは厳しすぎると筆者は学習初期から感じていましたし、今でもそう思っています。自慢ではありませんが、筆者は英単語本に設定されているノルマに従ったことは、過去に1度もありません。1日に数十語をおぼえられるとは思わないので、自分のペースで1日に数語をおぼえるだけです。決して無理をしないのが三日坊主メソッドですので、数日に1語でも問題ありません。

それだけじゃ少なすぎるんじゃないか、と思われる方が、いらっしゃるかもしれません。ですが、無理をして1日に数十語ずつおぼえた（と自分では思い込んでいる）としても、数が多くなればなるほど復習がおろそかになりますので、ほとんど忘れてしまう可能性が高いのです。それに対して、たとえ1語や数語ずつでも丁寧におぼえて忘れにくくするほうが、結果的には、はるかに多くの単語をおぼえることができます。

一例として、「1日に英単語を30語ずつおぼえましょう」と提案している本があり、あなたが約1か月かけて１０００語を暗記したとします。それだけ無理をして暗記した場合は、1000語に到達した時点で数十%を忘れていることも多いはずです。それに対して、たとえ1日3語だけでも、何度も復習しながら丁寧に知識を積み重ねれば、約1年後には1000語に到達し、忘れている割合を、はるかに少なくできます。

　マンション建設を想像してみてください。あなたが入居しようと思っている新築マンションが、通常の工期であれば完成まで12か月かかるとします。それを、ある業者が、「私たちの気合いで短期集中し、1か月で完成させました！」と自慢げに語っていたら、あなたは喜ぶより、そんなに急いで建てられたマンションの強度が心配になるのではないでしょうか。英単語の暗記は**ボキャビル（Vocabulary Building＝語彙の構築）**と呼ばれますが、まさしく建造物（building）に似ていて、無理をした短期間の突貫工事より、丁寧に積み上げていく〝施工〟のほうが、記憶の耐久性を強化できるのです。

　あなたがもし、英単語本に設定される厳しいノルマを苦もなくこなせる学習者であれば、それを実行されて、もちろん問題ありません。ですが、そのような無理をすると、それこそ数日で挫折して当然です。あるクライマーが、**「ゆっくり進んだほうが、より遠くまで行ける」**と語っていたことがあります。マラソンでも、同じでしょう。最初から短距離走のような全力疾走を続けていたら、42・195キロを完走する前にリタイアしてしまうはずです。でも、ずっと歩いているだけで良く、どれだけ時間をかけても良いのなら、だれでも42・195キロを踏破《とうは》できます。1日1時間のウォーキングでも、4キロ前後の距離を歩くことになります。それを11日積み重ねれば、フルマラソンの距離を超えるのです。

三日坊主メソッドにおいては、英単語本の著者たちから与えられている厳しいノルマは無視して構いません。ご自分のペースで、**「おぼえたい時に、おぼえられるだけ、おぼえたら良い」**のです。なかなかおぼえられない時には、ひとつもおぼえない日があっても良いでしょう。とにかく、**決して無理をしない**ことが重要です。

一方の英文法書には、ノルマを課されているケースは少ないですが、多くの本は文法項目ごとに章が細かく分かれていますので、章立てが、ある意味でノルマに似ています。文法書が難しく感じるのは、「著者の解説が理解できない」「本の宣伝文句で謳《うた》われているほどには、わかりやすくない」などといった理由が考えられます。あなたにとって理解しにくい内容であった時、その英文法書を継続して読むのは難しくなるのです。

英文法書が難しくて、なかなか進めない場合、対策は、ふたつあります。先に述べたように、「ほかの本を併用する」か、「いったん使用をやめる」ことです。

自分に合わない本は、いったん離れて寝かせよう

今の時代は個人が売りたいものをオンラインで出品するのが簡単になっていますので、購入した本があなたに合わなかった時、すぐに手放してしまう方が少なくないかもしれません。ですが、**その本のなにかの要素をあなたが必要としているからこそ、購入されたは**ずです。特に、「思っていたより難しい」というのが手放す理由なのであるとしたら、しばらくは自宅のどこかで寝かせておくのも、ひとつの手段です。いつも目に入る「一軍」の場所に置いておくことに抵抗がある場合は、「二軍」や「三軍」のポジションに降格でも良いので、とりあえずキープしておく、ということです。

もちろん、今すぐ必要ないものはどんどん整理する〝断捨離《だんしゃり》〟が人気の時代ですので、「その本に使う場所がもったいない」と感じられる場合は、手放されても良いと思います。ただし、いったん手放した本は、また必要になっても買い直すのは心理的な障壁が高いでしょうし、再度購入して、やはり合わなかった時は、3度めの機会が訪れる確率は、さらに小さくなるでしょう。ですが、3度め以降にトライした時にこそ、その本があなたにとって真に役立つようなケースも珍しくありません。あなたの自宅に寝かせておけば、また気が向いた時に、いつでも、何度でも、好きなだけリトライできるのです。

重要なのは、**最初に「難しい」と感じた本でも、あなたが別の方法で英語力を高められたあとにリトライすれば、ちょうど良い難易度になる、**という点です。筆者自身も、「大人のやり直し英語学習」をスタートさせた初期には難しく感じて挫折したものの、自分の英語力が高まったあとに再挑戦したら、今の自分がまさに必要としている内容だと気づかされ、欠かせない〝学習の友〟になってくれた愛用の本が何冊もあります。

よく言われるように、「好き」と「嫌い」は感情の表裏で、いつでも入れ替わる可能性があります。だからこそ、恋人を「好き」であった感情が大きければ大きいほど、別れたあとに「嫌い」の感情が大きくなるのです。キリスト教カトリックの聖人として有名なマザー・テレサは、次のような名言を遺したことでも知られています。

“The opposite of love is not hate, but indifference.”（＝愛の反対は憎しみではありません、相手への無関心です）

ほかの偉人の言葉を引用した、と言われることもあるようですが、ともかく「無関心」は感情がゼロなので、そこから「好き」や「嫌い」に変わることは稀です。**「好き」や**

「嫌い」という強い感情が湧く対象は、あなたにとって、なんらかの意味があるのです。

本を購入した時は、いわば、その本を「好き」になりかけている段階です。合わなかった、と感じた時には、プラスの感情がマイナスに変わって手放したくなるお気持ちは理解できますが、その本は、あなたにとって少なくとも無関心な本ではないはずです。時間が経てば「好き」に戻る、というケースは、決して珍しいことではありません。

ひとつの印象的なエピソードとして、筆者の友人で、２０１９年に文芸評論で講談社の「メフィスト評論賞　法月《のりづき》賞」を受賞された坂嶋竜《さかしまりゅう》さんの話が思い出されます。彼は以前、筆者が２０１６年にデビュー20周年を迎えた時の記念インタビューで聞き手を務めてくれたのですが、その時に彼から言われた次のような言葉が印象的で、忘れられません。

「ぼくは今までに3回、流水さん（の小説作品）を嫌いになりました。でも毎回、好きに戻りました。読んだ直後は腹を立てて嫌いになるんですけど、半年とか1年とか時間をおいて読み返すと、嫌いだと感じた理由が自分の中にあると気づかされるんです」

筆者も読者として、同じように、何度も複雑な感情を抱かされた特別な存在の作家さんがいます。その著者をなぜか無視できない――どうしても気になる――からこそ「好き」にも「嫌い」にもなるわけで、本当に表裏一体だと感じられます。

英語関連の書籍では、英単語本というジャンルは本当にバラエティに富んでいて、だからこそ「好き」と「嫌い」がハッキリ分かれやすい個性的なものが多いです。筆者は英文法書を発表したことはありませんが、初めての英単語本として、２０１９年に『感涙ストーリーで一気に覚える英単語３０００』（明日香出版社）を発表しました。「１話２ページで完結する感涙ストーリー全１００話を日本語で読みながら文中に挿入された英単語をおぼえる」という新しい試みの本で、１〜２ページ単位で学習でき、厳しいノルマは皆無ですので、関心を持ってくださった方は、ぜひトライしていただきたいです。最初は「嫌い」と感じたとしても、無関心でなければ、いつか「好き」になることがあるかもしれません。また、『感涙ストーリーで一気に覚える英単語３０００』については、新型コロナウイルスが日本で感染拡大し始める直前、２０２０年２月に芳林堂書店 高田馬場店さんで行ったセミナー動画がYouTubeにアップされていますので、併せてご活用ください。

英語学習の進展を感じたら、レベルを測定してみる

三日坊主メソッドでは、どんな方法で英語学習されるのもあなたの自由です。どれだけ時間をかけても構いません。お好きな方法で学習しながら、英単語と英文法の知識がいつ

の間にか増えてきたな、と感じられるようになったら、ご自分が今、どのような英語レベルにあるのかを、知りたくなってくることもあるはずです。

そうした際は、ＴＯＥＩＣ（Ｌ＆Ｒ）テストを受験されることで、あなたの英語レベルを精確に知ることができます。現在、日本ではさまざまな英語資格試験を受けることができますが、全レベルの受験者が同じテストを受け、マークシートに記入するだけの気楽さで、なおかつ幅広いスコアレンジ（最低10点から９９０点まで5点刻み）で英語力が測定されるのは、ＴＯＥＩＣ（Ｌ＆Ｒ）テストしかありません（※姉妹試験のＴＯＥＩＣ Ｓ＆Ｗテストは、だいぶ性質が異なるので、ここではL&Rテストにのみ言及します）。

筆者は、英語学習を始めてから3年くらいは我流の三日坊主メソッドを続けていたのですが、自分の英語レベルが知りたくなって、受験しようと思い立ったのがＴＯＥＩＣでした。３年間も勉強した末に初受験のスコアが５９５点だったのは、元々、英語劣等生だった証明となるでしょう。自分のレベルを知り、それ以後は、９９０点を目ざすことで、ひたすら英語力を高め続けられました。記録を測定せずに自己ベストを更新できるアスリートがいないように、定期的に受験するＴＯＥＩＣでその時々の英語力を測定できたので、筆者は、９９０点達成まで、英語力を高め続けることができたのです。

ＴＯＥＩＣの意義や攻略法については、前著『50歳から始める英語』だけでなく、複数の本で書きましたので、ここではくわしくは述べませんが、これからＴＯＥＩＣ受験を予定――あるいは検討されている方には、筆者が２０１９年に刊行した『きみと行く 満天の星の彼方へ』(リチェンジ)をご一読いただければ幸いです。ＴＯＥＩＣを受けたことがない男女が、試行錯誤しつつ高得点者になっていく過程をつぶさに描いた小説ですので、受験経験のない方には特に、初めてのＴＯＥＩＣ対策の参考にしていただければ幸いです。また、同書の刊行記念トーク・イベントの模様も、YouTubeにアップされています。

あなたが独自の三日坊主メソッドをひたすら続けるだけでも、もちろん英語力は向上し続けますが、ＴＯＥＩＣを活用すれば、その成長を〝見える化〟させ、成長を加速できるのです。もちろん、なにひとつ無理をしないのが三日坊主メソッドの極意ですので、受ける気が起きないあいだは、受けられる必要はありません。また、ＮＨＫの話と同様に、たとえ効果があるとしてもＴＯＥＩＣは受けたくない、と感じられる場合は、英検など、ほかの試験を選択されるのも良いでしょう。すべては、あなたの自由です。

いずれにしても、英語学習を続けて、英語力が成長している感覚が芽生えるにつれて、ご自分の今のレベルを知りたい、という気持ちは必ず生じるはずです。そして、ＴＯＥＩ

Ｃに代表される英語資格試験は、あなたのレベルを知る上で、とても有効なのです。

英単語のスペリングをおぼえていなくても、問題ありません。ＴＯＥＩＣはマークシートのテストですので、マークシートを塗るだけで、あなたの英語力が測定されるのです。

そして、そのスコアの信頼性は、日本中の多くの企業や学校がＴＯＥＩＣを採用し続けていることからも明らかです。お気が向かれたら、ぜひトライしてみてください。

外国人の洗礼に落ち込む時こそ三日坊主

英語がまったくできない段階においては、ネイティヴの話す英語をほとんど聴き取れなくて当然です。それでも、英語学習を続けているうちに、少しずつネイティヴの話す英語がわかるようになってきます。一部分だけでも聴き取れた経験が増えるにつれて、あなたがネイティヴと接する時に身構える気持ちも徐々に薄れてくるでしょう。ふだんネイティヴと会う機会がなくても、なにかの拍子に遭遇することはありえますし、英語圏の国を旅行すれば、もちろん、たくさんのネイティヴの中に我が身を置くことになるのです。

筆者が初めて旅行した英語圏の国はカナダで、当時、ＴＯＥＩＣでは既に８００点台には達していました。それでも現地でネイティヴの英語を聴き取れないことも多く、また、自分の話す英語が相手に通じないこともありました。自分の英語力に自信を持ち始めていた時期だっただけに、相手の話を聴き取れなかった時や、自分の英語が通じなかった時には、正直、ショックを受けて落ち込むことが何度もありました。

しかし、その後、ＴＯＥＩＣで満点を達成する直前や達成後に何度か訪れた海外では、英会話に不自由することは、まったくありませんでした。2度めのカナダ訪問では、シノックという街のゲーム・ショップの店員たちと日本のゲームの話で大いに盛り上がりましたし、イギリスでは、ベーカー街221bのシャーロック・ホームズ博物館でホームズ・ファンの中国人少女たちと英語で楽しく話ができました。ロンドンでは、意気投合したＴシャツ屋の店主から「おまえは日本人のくせに、なんで、そんなにも流暢《りゅうちょう》に英語を話せるんだ？」と、呆れたように言われたことも、忘れられない想い出のひとつです。そのように充実した体験の数々ができたのは、自分の英語力が成長を遂げた面もありますが、それ以上に、相手が外国人でも身構えすぎず、相手と自分の英語力を冷静に見極められるようになった精神面の変化によるところが大きいと思っています。

外国人の英語を聴き取れない時、あなたのリスニング力不足が原因ではないことも、わりと、よくあります。たしかに、相手が純粋なネイティヴであれば、聴き取れないのは、こちらのリスニング力の不足ゆえかもしれません。ですが、英語圏の国で会う人たちのすべてがネイティヴではありません。相手が移民や旅行者などのノンネイティヴであれば、かなり砕けた英語を話します。相手の英語が不正確すぎるから聴き取れない、ということも実際あるのです。逆に、あなたが正確な英語を話せても、相手のリスニング力が不完全であれば、そのケースにおいては、伝わらない原因は相手にあるのです。

筆者がこのことに気づけたのは、やはりＴＯＥＩＣのおかげです。筆者はＴＯＥＩＣのリスニングでは、たとえ睡眠時間ゼロで体調不良であっても毎回満点を獲得でき、試験中に流れる英語音声は、１００％聴き取れます。最初からそうだったわけではありません。初受験の時には、半分も聴き取れなかったリスニング力を、少しずつ高めたのです。

そのように地道にリスニング力を高めてきた筆者が、実際の会話でうまく意思疎通できない時、**相手の外国人の発音が悪かったり、文法がむちゃくちゃであったりすれば、意味不明の音にしか認識できないこともある**という事実に、ある時に気づいて、それで解放されたように、気持ちがラクになりました。この場合の〝外国人〟はネイティヴではなく、英語が母国語ではないノンネイティヴのことです。実際、筆者がカナダやアメリカ、イギリスなど英語圏の国でスムーズな会話を成立させられなかった相手は、あとで思い返してみると、移民らしきノンネイティヴであったケースが、ほとんどでした。

　筆者がポルトガルを旅行した際には、現地の人にポルトガル語で話しかけても、英語で返されることが多くありました。筆者としては、せっかくポルトガルを訪れているのだから、ポルトガル語を練習したかったのですが、ポルトガル人からしてみれば、日本人の不正確なポルトガル語より、お互い不完全な英語のほうがコミュニケーションしやすい、ということなのかもしれません。英語圏の国よりも、ポルトガルやスペインで現地の人と英語で話すほうが気楽だったのは、お互いノンネイティヴ同士だったからでしょう。

　ポルトガルやスペインだけでなく、ヨーロッパでは英語が広く話されているようですが、たまに英語をまったく話せないポルトガル人もいて、筆者が“Can you speak English?”（＝英語を話せますか？）と尋ねて、相手が無言で首を左右に振った時には、「日本を訪れるネイティヴも、こういう感じなのかな」と、不思議な感覚を味わいました。欧米人の見た目でも、英語をまったく話せない人もいる、ということです。

　たとえば、あなたが近所を歩いている時に、前方から歩いてきた外国人が、「ティカキュ、ニェッキ、ドゥクォ、スィテゥ？」などと話しかけてきたら、それを日本語として正確に聴き取れるでしょうか。その人は、「近く、駅、どこ、知ってる？」と言ったつもりかもしれませんが、相手の発音や文法がむちゃくちゃな場合、聴き取れないのはあなたのリスニング力のせいではなく相手の責任だ、ということは実際によくあるのです。

そのように、たとえあなたが英語が得意になってきても、相手が英語のノンネイティヴである時には特に、先方の英語を聴き取れなかったり、あなたの英語が向こうに伝わらなかったりすることは、わりとよくあるはずです。それは、いわば**外国人の洗礼**とでも言うべき、だれにでも起きうる現象なので、気にする必要はありません。かつての筆者のように、会話がうまくいかなくて落ち込まれることもあるでしょうが、そういう時こそ三日坊主の特性を発揮して、**落ち込むことにも3日で飽きれば良い**のです。

これは単なる責任転嫁《てんか》ではありません。日本人はマジメな方が多いので、つい「自分が悪いのか」と考えてしまいがちですが、先に述べた通り、全世界で英語を話す方の85%はノンネイティヴであり、不正確な英語を話す人のほうが圧倒的に大多数です。あなたが英会話で苦労された時、すべてを自分の責任だと思い自信喪失される必要はないのです。

今までこつこつ勉強してきた私の英語が通じないはずがない——通じないのは、相手がおかしいのだ——そのくらいに思っておいて、ちょうど良いのです。国際政治を見ればわかるように、**異国間のコミュニケーションでは、強気に出ないと負け**です。日本人の謙遜の精神は世界に誇る美徳ですが、卑屈になりすぎることはないでしょう。

できないと感じることが実は成長した証し

ノンネイティヴ同士の会話であれば、英語力の成長とともに英語コンプレックスが薄れていくことは期待できます。ですが、英語力がどれだけ成長しても、われわれがノンネイティヴである以上、ネイティヴとのコミュニケーション（英会話だけでなく英文メールのやりとりも含む）においては、意思の疎通がうまくいかず、壁を感じることがあって当然です。そして、より重要なのは、**簡単に越えられない英語力の壁を意識するのは、あなたが成長した証しでもある**――ということです。

そもそも、あなたが英語をなにひとつ話せない段階であれば、「自分の英語が通じない」と悩むことさえありません。それ以前のレベルだからです。ショックを受けるのは、「自分の英語が〝通じると思って話したのに〟通じなかった」時です。あなたが自分の英語が通じることをさほど期待していないレベルの時には、実際に通じなくても、予想通りの結果ですから、受けるショックは、そんなに大きくないはずなのです。

あなたが「自分の英語が通じない」ことに大きなショックを受けられたとすれば、その感情の大きさは、「通じると思っていた自信」の裏返しです。ショックが大きかった場合には、それだけ自信も大きかったということになりますから、あなたは、ご自分の学習に手応えを得られていたことになります。それは胸を張って良い事実です。それなりに勉強した方でなければ、そのような自信を得ることもないからです。だからこそ、あなたが自信を持って話した英語が通じなかった時には、相手のほうに問題がある可能性も考慮したほうが良いのです。事実、相手が原因である場合は多いからです。

また、あなたの英語が通じなかった場合、外国人相手に萎縮《いしゆく》して声が小さくなってしまった、とか、緊張して滑舌《かつぜつ》が悪くなってしまった、という理由であることも考えられます。そのような理由の場合は、場数を踏むにつれて緊張することはなくなっていきます。もちろん、最初のうちは緊張されて当然ですが、うまく会話が成立した体験を1度、2度と積み重ねるにつれて自信が築かれて、平常心で話せるようになっていくものです。

少し前の自分を思い出すと、成長が自信になる

自分では英語学習をがんばっているつもりなのに、あまり成果が出ず、なかなか成長している実感が持てないこともあるでしょう。そんな時には、数か月前——あるいは、1年

前とか数年前のあなたの英語力を思い返してみてください。

あなたは今の自分の英語力に不満を抱いておられるかもしれませんが、それは、**より高い目標へ向けてがんばっている最中だからこその不満**、なのです。そもそも、英語学習に励んでいない方であれば、現在の成果に不満を抱くことはないからです。

勉強しているのに、なかなか結果が出ない――と悩めるのは、本当に勉強している人たちだけの特権です。宝クジを買ってもいないのに「当たらない」と嘆く人はいません。同様に、勉強していない人が「なかなか結果が出ない」と悩むことは、ないのです。

いつもがんばっているからこそ、なかなか結果が出ないと感じられる時には、当然、不満もあると思います。そんな時こそ、少し前のあなたの状態を思い出してみるのです。

わかりやすい例として、ＴＯＥＩＣテストのスコアで、ご説明しましょう。すべてのＴＯＥＩＣ受験者は、初受験の際、まず、初級者卒業の目安である６００点を目ざします。もちろん、初受験でいきなり７００点以上獲得される優秀な方も中にはいらっしゃいますが、一般的な学習者は、６００点突破までに、それなりに苦労されるのがふつうです。

そうして６００点を突破し、勢いに乗る学習者は、次に７００点――あるいは、ＴＯＥＩＣでレベルＢ（２番めに高いランク）と見なされる７３０点以上を目ざすことになります。それも、もちろん簡単なことではないので、「私は何度挑戦しても695点止まりで、700点を超せません。ここが私の限界かもしれません」などと、おっしゃるのです。

その人は、たしかに今、700点突破の壁の前で苦戦されているかもしれません。でも、少し前に「600点を超せない」と悩んでいた人が、今や695点に達したというのは、紛れもない成長の証しです。600点を超す前の過去のあなたから見れば、695点まで達している今のあなたは、充分に優れた英語力の人なのです。

客観的にエピソードを聞くと、おかしいところがわかると思いますが、実は、このようなケースで悩んでいる方が非常に多いのも事実です。長年の目標であった900点を努力の末に突破された方が、達成後に目標のバーを950点に上げて、「私は何回トライしても945点止まりです。英語の才能がないのかもしれません」などとおっしゃることさえあります。でも、「夢のスコア」であった900点を突破する前のその人からしたら、945点を獲れている人というのは、うらやましいほどの成功学習者に見えるはずです。

たとえ継続にムラのある三日坊主メソッドでも、学習を続けたり休んだりをくり返しているうちに、ゆるやかでも、成長し続けています。いったんおぼえた知識を忘れることも、決して後退ではありません。**「おぼえて、忘れて、またおぼえ直す」**——その回数が多ければ多いほど記憶は深く定着しますから、今までの経験値が減ることはないのです。

英語学習を休んでいる時期に、記憶の一部が失われ、退化したと感じられることがあるかもしれません。たしかに、「一時的な落ち込み」はあるかもしれませんが、人生には多少のアップダウンがあって当然です。人生において、「しばらく休んでいたら若返ってしまいました」という後退がありえないように、英語学習においても、積み重ねてきた英語人生が後ろに下がることは絶対にありません。ですから、休みを挟んで学習再開される時に、いろんなことを忘れていても、後退ではなく前進だと捉えれば良いのです。

たとえば、巨大迷路をさまよっている時、**あなたがもし行き止まりにたどりついたとしても、そこから引き返す道は〝後退〟ではなく、〝前進〟**です。未来を見据えて歩き続ける人の辞書に〝後退〟の文字はありません。ただ〝前進〟あるのみなのです。

第4章　さらに英語力を高めたくなったら

成果が出にくい「プラトー」の要因を知っておく

三日坊主メソッドは、決して無理をせず、何回休んでも良い点が大きな特徴です。何度も休止することで、休んでいるうちに以前勉強した内容を忘れてしまい、だいぶ英語学習が後退したような感覚が生じるかもしれません。同じところをぐるぐる回っているような徒労感をおぼえることも、あるかもしれません。そのように、なかなか成長できない時期は、すべての学習者に訪れます。ですが、「三日坊主〝だから〟学習の壁に当たった」わけではありません。毎日こつこつ学習を継続している場合でも、同じような**〝伸び悩み〟現象**が必ず起きるのです。

英語学習に限らず、なにかのトレーニングをする際、同じ内容をずっと続けていると、たとえそれがどれだけ過酷なメニューであっても、成果が出にくくなる「**プラトー(plateau)**」と呼ばれる状態に陥ることが、よくあります。英単語のplateauは「高原」の意味で、「成長の山を登りたいのに、平らな高原が延々と続いているかのように、なかなか自分の今いる場所を高められない」という状態を示す言葉として使われるのです。

筆者は筋トレの専門家ではありませんが、「筋トレでは、1日も休まずに過酷なメニューをこなすより、適度に休みの日を挟んだほうが良い」という話を聞いたことがあります。英語学習においても、時にはクールダウンしたほうが良いケースもあります。

英語指導者の多くが、「少しずつでも毎日勉強したほうがいい」と説き、筆者も理想論としては同意見であることは本書でも既に述べました。たしかに、英単語や英文法の知識をインプットするのは、たとえ少しずつでも毎日こつこつ継続するのがベストなのですが、ものすごく無理をして、まとまった学習時間を毎日キープし続けても、途中から頭打ちになって成長がストップしてしまうことが多いのも事実です。

仮に「1日1時間勉強」と決めた場合、その日の学習内容よりも1日に1時間、机に座っていること自体が目的になってしまい、実は、のべ数十分間ぼーっとしていたり、別のことを考えてしまったりするケースも少なからずあるでしょう。勉強時間を確保した——一定時間、机に座っていた——だけで満足するのなら結果につながらないのは当然です。もし毎日決まった勉強時間をつくることが最高の勉強法なら、学校から授業という決められた勉強時間を与えられている、すべての学生さんが優等生になっているでしょう。現実にそうなっていないのは、学生さんも、授業に集中していない時間が多くあるからです。

勉強のために確保した時間の量が、質（学習成果）に比例するとは限りません。

　また、同じような学習方法を延々とくり返していると、マンネリ化によって学習の刺激が薄れ、身につきにくくなることもあります。食事にたとえると、大好物のメニューは、あなたを、しあわせな気持ちにさせてくれます。でも、同じメニューが毎日、毎食続いたら、さすがに飽きるでしょう。**人間は、同じことのくり返しが苦手**なのです。

　ある人が英単語の暗記を始めて、「今日から毎日30語ずつおぼえるぞ！」と、決意したとします。初日に30語おぼえられたら新鮮な達成感が得られ、その日は労力もさほど苦にならないかもしれません。ところが、２日め以降に30語ずつおぼえる際は、前日までの蓄積もあって大変になり、また、「毎日30語ずつおぼえる」というくり返しがマンネリ感を生み、どんどん学習意欲が減退して挫折してしまうケースも珍しくありません。

　メンタルがタフで、どれだけ同じことをくり返しても高いモティベーションを維持して学習し続けられる人や、ヤル気の有無に関係なく機械的にルーティンをこなすのが向いている人であれば、それが適した方法となるでしょう。ですが、そうではない大多数の人たち――特にわれわれ三日坊主にとっては、同じことを長期間、延々とくり返すのは苦痛が伴います。楽しくないことは続けられませんし、苦しみながら無理に続けても、成果にはつながりにくいです。「やりたいことを、やりたい時に、やりたいだけやる」三日坊主メソッドのほうが、マンネリ化を防いで、モティベーションを維持しやすいのです。

ヤル気が湧かない時には〝休む勇気〟を

英語学習が習慣になるにつれて、モティベーションが次第に薄れることは、だれにでも起こりえます。気持ちが乗らない時期は、**休みたいだけ休む**ことも効果的です。

英語学習の継続が習慣になってくると、いったん休むことでペースが崩れたり、それこそヤル気を失ってしまったりすることを心配される方も、いらっしゃるかもしれません。ですが、学習がマンネリ化し、ヤル気が湧かない状況に陥りながら惰《だ》性《せい》でだらだら続けていてもモティベーションは低下し、その状態で大きな成果を出すのは難しくなります。どうも意欲が湧かない時には、**思い切って〝休む勇気〟**も時には必要です。

お仕事であれば、休みたい時に休めないケースも多いでしょうが、英語を勉強することは、ふつうは職務ではありませんから、あなたの一存で休むこともできるはずです。

机に向かって本と向き合うようなオーソドックスな英語学習を休んだとしても、海外ドラマを観たり、英語のペーパーバックを読んだりしたい場合には、そうした「娯楽としての英語」まで休まれる必要はありません。ドラマや小説で英語に接するのも、広い意味での英語学習に含まれますが、そこまですべてを休まれる必要はない、ということです。ただし、ともかく英語に接するのに疲れた、という場合には、そうした娯楽と絡めた英語学習も含めて、すべて休まれても良いでしょう。

いつまで休めば良いか、については、決まった期間はなく、あなたの内側からふたたびヤル気が湧いてくるまで、です。再開する良い機会が訪れなければ、数か月とか、1年以上休むことがあっても良いと思います。1度でも英語学習を始められた経験のある方は、「いつか英語ができるようになりたい」という夢の種子が、既に心の中にあります。ドリーム・キラーやマウンティング・パーソンに批判されたことで、その素晴らしい種子を記憶の戸棚の奥にしまってしまうことがあるかもしれませんが、そんな時にも、消えてしまうわけではありません。どれだけ時間がかかっても、機が熟せば、またあなたの内側から「英語を勉強してみようかな」という気持ちが芽吹いてくるはずです。

そのためにも、いまいちヤル気が湧かない時には、思い切って〝休む勇気〟を持つことです。狭い意味での勉強を休むだけで気持ちが変わらない場合は、娯楽などの広い意味での英語学習までも休むことで、あなたの心の中にテクニックとして**英語への飢餓状態**をつくることができ、それは、**英語への渇望**へとつながります。日照りが続いたあとの大地が恵みの雨を存分に吸収するように、休み明けの英語学習は、はかどるでしょう。

通常の英語学習においては、休むことを「挫折した」と捉えます。ですが、三日坊主メソッドにおいては、**定期的に休止することも学習の一部**なのです。

成長が鈍化してきたら、避けていた方法を試す

あなたが定期的に休みながら学習していたら、「そんな休み休みでは、英語学習の意味がない。勉強しているとは言えない」などと言うドリーム・キラーやマウンティング・パーソンが出現することも考えられます。だからこそ、あなたがご自分の英語学習スタイルを確立して自信を得るまでは、あまり他人には話さないほうが良いのです。もっとも、三日坊主メソッドの特殊な性質を理解した上で応援してくれる人や、同じような境遇で互いに励まし合える方たちが見つかったら、その人たちの支えを得るのは良いことです。

時に休止期間も挟みながら、「やりたいことを、やりたい時に、やりたいだけやる」三日坊主メソッドを活用することで、あなたの英語力は少しずつ上昇し続けます。その過程で、マンネリ化とは別の理由で成長が停滞することがあります。そうした際には、**今まで避けていた方法を導入することで、急に劇的な飛躍を遂げるケースも多くあります。**

たとえば、第2章で述べた通り、三日坊主メソッドにおいては、英語の発音がわからない場合は、最初から無理に正しい発音にこだわらなくて構いません。あなたが「これなら、できるかも。やってみたい」と感じられるまでは、正しい発音と向き合う必要はないのです。ですが、自分なりの方法をしばらく続けてみると、最初は「正しい発音なんて、どうせわからない」と思っていたとしても、「せめておぼえた英単語やフレーズだけでも、正確な発音を知りたい」と、考えが少しずつ変わってくるものです。あなたがなにかの趣味をお持ちなら、その世界に置き換えてみてください。最初は、なにもわからなかった世界のことが、好きになり知識が増えるにつれて、ひとつひとつの知識をさらに深めたくなるでしょう。だからこそ、だれしも、趣味など好きな分野の知識が豊富になるのです。

学習スタート（あるいはリスタート）の初期段階においては、英語のことは、ほとんどなにもわからない状態でも不思議はありません。すべてが未知ですので、発音のひとつひとつの正確さにこだわっていたら、徒労感で、すぐにヤル気を喪失してしまいかねません。ですが、少しずつ英語がわかるようになってくるにつれて、**「今までわからなかったことがわかるようになった快感」**が生まれることも、体験から理解されるでしょう。

一例として、洋画や海外ドラマを観ていると、登場人物が電話での通話を切り上げる際などに、「アイガラゴゥ」というフレーズを非常によく耳にされるはずです。これは、“I have to go.”（=もう行かなくちゃ）と同じ意味である“I (have) got to go.”の“got to”が「ガラ」と聞こえるもので、発音される通りに“I gotta go.”と表記する場合もあり、辞書にもgottaの項目があります。文法的にはI have gottenのほうが正確ですが、I have gottenはI have gotと簡潔に言われたり、haveが省略されてI gotで代用されたりするケースも多く、“I have gotten to go.”の意味で“I got to go.”が、よく使われるのです。

あなたがこの“I got to go.”という表現を本などで学んで知っていたとしても、その発音が「アイ・ゴット・トゥ・ゴゥ」だと思い込んでいたら、「アイガラゴゥ」と聞こえる音から“I got to go.”を連想することは難しいでしょう。ですが、両者が同一だと気づけたら、「なるほど」という納得で、より強固に記憶に定着して、忘れにくくなるはずです。

英単語については、音声ダウンロードができる英単語本も多いですし、電子辞書やオンライン辞書ではネイティヴ発音を聴けます。最初は発音が気になった時だけで良いので、ネイティヴ発音を聴く癖をつけると、少しずつ正しい発音に慣れてきます。また、単語だけでなく、その単語を含むフレーズやセンテンスについても音声ダウンロードできる英語本がたくさんありますし、オンライン辞書で例文音声を聴ける場合も多くあります。パソコンやスマホの英文の音声読み上げ機能なども活用すれば、周囲にネイティヴがいなくても、ネイティヴ発音に少しずつ慣れることができるでしょう。

あなたの身近にネイティヴがいる場合は、可能ならその人に発音してもらっても良いかもしれませんが、毎日いっしょにいるパートナーでもない限り、数百回、数千回と頼むのは気が引けるでしょうし、ネイティヴと言っても日本語の場合と同じで、出身地によって、かなり訛《なま》りの差があります。正確な発音を学ぶ上では、**ネイティヴの一般人に頼むより、電子辞書やオンライン辞書を信頼されたほうが良い**でしょう。

もちろん、英単語やフレーズの発音をひとつひとつ矯正していくのは時間がかかりますので、「1日に○語の発音を矯正しよう」などと、こなすノルマを決めてしまうと、つらくなって投げ出したくなることもあるでしょう。そもそも「ノルマ」という単語を聞いただけで嫌になる、というお仕事の方も多いのではないでしょうか。1日のノルマなど気にすることなく、あくまで三日坊主メソッドで、「やりたいことを、やりたい時に、やりたいだけやる」スタイルを貫かれたほうが、結果的には長続きします。

音読と書き写しで英文を前から理解できるように

初級者はもちろん、上級者の中にも音読や書き写しをしない（したことがない）学習者は多いのですが、あなたがご自分の英語力の成長が鈍化していると感じられたら、音読や書き写しを導入することで、英文処理の精度と速度を高められます。これも三日坊主メソッドの一環ですので毎日継続される必要はなく、思い立たれたら、ということです。

素材はなんでも構いません。英文ニュースでも、英語の小説でも、英語の参考書に載っている例文でも良いので、あなたが少し難しいと感じる英文を選んでください。簡単に理解できる英文では効果が薄いので、少し難しいと感じるものが、ちょうど良いです。

たとえば、次のような英文があったとします。

Although I do not know whether it is true, some say reading sentences aloud or writing them down is useful to improve your English.

この英文を丁寧に読みながら意味を考える人の心理は、次のようになります。

「Although は『〜だけれども』、I do not know は『私は知らない』だから、Although I

do not know で、『私は知らないけれども』――。で、なにを知らないのかと言うと、whether it is true、『それが本当かどうか』。つまり、Although I do not know whether it is true で、『それが本当かどうか私は知らないけれども』。〝それ〟って、なんのこと？ some say……これは、some people say のことで、『ある人は言う』だ。say の後ろに that が省略されていて、say に続く内容を言うわけだな。reading sentences aloud ――『文章を声に出して読む』――要するに、『音読する』――か。or writing them down は、『あるいは、それらの文章を書き記す』――つまり、『書き写す』。is useful は『役立つ』で、to improve your English は『あなたの英語力を向上させるのに』。だから、最初に戻って文章全体の意味をまとめると、『それが本当かどうか私は知らないけれど、文章を音読したり書き写したりすることは英語力を向上させるのに役立つと言う人もいる』ということかな？」

　英文読解に慣れていない段階では、このように、何度も前に戻りながら訳す〝返り読み〟（あるいは〝戻り読み〟）をしながら全体の意味を解釈することになるはずです。英文読解の初期段階はそれで構わないのですが、返り読みせずに理解できるようになるためのトレーニングとしては、**意味を理解している英文の音読、あるいは書き写し**が効きます。

きちんと意味を理解している英文を音読すると、英文を前から読むと同時に理解する英文読解に必須の思考回路が築かれます。同様に、既に理解している英文を書き写すことでも、同じような効果があります。なぜなら、英文を音読する際も、書き写す時も、前から単語ひとつずつ順番に進んでいくしかないので、**英文を前から順番に理解する癖**をつけられるのです。もっとも、初見の英文でそれをしても意味不明なだけなので、意味を理解している英文を音読、あるいは書き写しすることが理想、というわけです。

なお、第2章で「スペリングは無理におぼえる必要はありません」とご説明した通り、書き写す際に、各単語のスペリングは、最重要ではありません。日本語の漢字と同じで、スペリングはワープロソフトが自動的に修正してくれます。正しいスペリングより重要なのは、1単語ずつ書き写すことで前から理解する癖をつけることなのです。

難しいと感じる英文を、いったん意味を理解した上で音読する、あるいは書き写すトレーニングは、スピーキングとライティングの練習にもなります。1度でも音読や書き写しでアウトプットした英文は、スピーキングやライティングの際、あたまに浮かびやすいのです。また、自分で話せる英文は聴き取れますし、自分で書ける英文は読むと瞬時に意味を理解できますので、リスニングとリーディングのトレーニングにもなります。

ご自宅で音読すると、家族や同居人から「うるさい」と言われてしまう場合には、無人の広い公園や河原などに出向くか、カラオケボックスのように気兼ねなく声を出せる施設を利用してでも、練習される価値はあります。音読が難しい時には、クチパクや、声に出さずに脳内で音を響かせる**「脳内音読」**をするだけでも準ずる効果はあります。

自分の発音を客観的にチェックする方法

ある程度、学習が進んだ段階でも「発音は不正確でもいい」「自分が必要な技能はリーディングだけだから正確な発音は必要ない」という方であれば、発音の正確さを気にされる必要はないでしょう。なにひとつ無理強いしないのが三日坊主メソッドです。

一方、あなたが少しずつ発音の正確さにこだわりたくなってきた場合には、**「自分の発音を録音し、聴いてみて、ネイティヴ発音と比較する」**という方法で、どれだけネイティヴ発音に近づけられたかを客観的に確認することができます。これは英単語1語ずつでも、あるいは、チャンク（chunk＝複数の英単語のカタマリ）、フレーズ（phrase＝英単語数語から成る慣用句）、センテンス（sentence＝ひとつの文章）、パラグラフ（paragraph＝ひとつの段落）単位でも有効です。

われわれはノンネイティヴですので、初めて見た英単語をいきなり正確に発音するのは簡単なことではありません。正確さにこだわるようになったら、先に述べた通り、まずは電子辞書やオンライン辞書などでネイティヴ発音を聴くことが、いちばん確実です。

正確な発音を聴く習慣をつけ、なおかつ、その単語の発音記号もチェックするようにすれば、発音記号から正確な発音ができるようになってきます。また、YouTubeで「英語発音」あるいは「English pronunciation」で検索すれば、英語の正しい発音方法をわかりやすく解説してくれるチャンネルが、たくさん出てきます。発音をテーマにした英語本もいろいろありますし、拙著『50歳から始める英語』にも、「ネイティヴ発音に近づけるコツ」をまとめた項目がありますので、そちらもご参照いただければ幸いです。

あなたの発音を録音するメリットは、それが他人の声であるかのように、まさに〝客観的に〟聴ける、という点です。声を出せない場所では、脳内で発音してみるだけでも意味はあるのですが、英単語を実際に声に出して発音しようとすると、イメージした通りの発音にならないことが多くあるはずです。しかも、声を発する瞬間には、耳だけではなく、体内からの振動でも音が伝わっていますので、録音した声を聴くと、自分が発した時の声の印象とは異なるのがふつうです。自分の声を録音して聴き返したことのある方には、納得していただけると思います。主観では「だいたいできたかな」と思っても、「自分の発音を録音し、聴いてみて、ネイティヴ発音と比較する」ことで、「思っていたより正確ではなかった」と気づけることが多くあります。ぜひ、試してみてください。

シラブルとアクセントで発音を改善できる

自分の発音を録音して、ネイティヴの発音と比較した際、もし「ぜんぜん違う」と感じられたのなら、**シラブル（syllable＝音節）**と**アクセント（accent＝強調するポイント）**を無視していることが原因になっていないか、確認してみてください。

シラブルは、アイウエオのいわゆる母音を核とする、英語の音の最小単位です。たとえば、translation（＝翻訳）という単語であれば、ほとんどの辞書では「trans-la-tion」のようにシラブルの区切りを入れて掲載されています（オンライン辞書には、区切りがないものも多くあります）。カタカナでトランスレーションと表記すると9文字ですが、trans-la-tion は3つのシラブルを「トゥレァンスッ」「レィ」「シュン」と、3音として発音します。カタカナでトランスと書くと4音のように思えますが、trans はエとアの中間である「エァ」という母音の前後に子音のトゥルゥ（tr）とンスッ（ns）がついたもので、

「トゥレァンスッ」全体で英語としては1音です。レィ（la）とシュン（tion）も、それぞれ1音なので、trans-la-tion は、3つの音から構成されているのです。

日本人の発音がネイティヴからかけ離れてしまうのは、日本人は、translation の例であれば「ト」＋「ラ」＋「ン」＋「ス」＋「レ」＋「ー」＋「シ」＋「ョ」＋「ン」と9音で発音しがちであるのに対し、ネイティヴは「トゥレァンスッ」＋「レィ」＋「シュン」の3音で発音しており、**〝音の数〟**がだいぶズレているからなのです。

そして、もうひとつの原因がアクセントです。英語におけるアクセントとは、英単語を構成するシラブルの中で、強く読む場所のことです。シラブルの数が多い英単語では、アクセントの箇所が複数ある場合もあります。辞書によってアクセントを示す方法は異なるのですが、いちばん強く読むシラブルの上または直前に、斜線などの記号でアクセントの場所が示されているケースが多いです。たとえば、trans-la-tion の場合では、la のシラブルにアクセントがありますので、トゥレァンスッ**レイ**シュンと、レィを強く発音する必要があります。どの音も強調せず平板にカタカナで「ト」＋「ラ」＋「ン」＋「ス」＋「レ」＋「ー」＋「シ」＋「ョ」＋「ン」と9音で言うのと、3音の区切りを意識し、かつ「レィ」を意識的に強調し、「トゥレァンスッ」＋**「レイ」**＋「シュン」と発音するのでは、まったく別の音になることが、トライされればわかると思います。

最初、日本人ふうにカタカナで読んでいた英単語をひとつずつ矯正するのに、毎日ノルマを決めて取り組むのは大変だと思います。そういう時こそ、「やりたいことを、やりたい時に、やりたいだけやる」三日坊主メソッドが向いています。思い立った時に発音の矯正をするだけでも、長く続けられれば、かなりの蓄積になっていくのです。

音の変化や消失は、パターンを知る

ネイティヴ音声と比較しながら自分で英文を音読することのメリットとして、**英語の音の変化や消失のパターンを知ることができる**、という点も挙げられます。

たとえば、“an orange”（＝ひとつのミカン）のアン（an）とオーリィンヂュ（orange）の音が連結して、アノォーリィンヂュ（an orange）になるような音の変化を、学校の英語の授業で習われたかもしれません。

それがひとつの単語“anorange”であるかのように音が変化します。an の -n と orange の o- が結びつくと、あたかも、「アン・オレンジ」という発音を予測していると聴き取れないくらい、まったく異なる音です。

先ほど解説したシラブルとアクセントについて触れると、辞書には or-ange と表記されているので、これは「オール」(or)と「インチュ」(ange)から成る2音で、orにアクセントがありますが、オールのルは後ろの音にかかるので、オーだけ強調し、**オー**リィンチュという音になります。前にanがつくと、an-or-angeと、3つのシラブルが連結され、anは説明を補足するための**機能語(function words＝冠詞や前置詞など)**で強く発音しないので、ァ**ノ**ォ**ー**リィンチュとなります。このように、単語と単語――シラブルとシラブルが合わさる際に、連結部の音が変化したり、消失したりすることがあるのです。

たとえば、“Look at that.”(＝あれを見て)というフレーズの場合。Look、at、thatは、どれもシラブルがひとつだけの1音です。シラブルがひとつだけの場合、その音の母音を強く読みますが、場所を示す前置詞のatは機能語ですので強調しません。**ルッ**ク(look＝見る)の-kとァット(at)のa-が結びつくと、**ルッ**カァット(look-at)となり、さらに、atの-tと**ゼアー**ッ(that＝あれ)の最初のt-が重なることで、atの-tの音が消失して、ァッ**ゼアー**ッ(a(t)-that)となり、3語では**ルッ**カァッ**ゼアー**ッ(look-a(t)-that)となります。このように、音の連結部が変化したり消失したりしながら、そのチャンクがあたかも大きな1単語になったかのように、全体の音が融合するのです。

こうした音の変化や消失の法則は、あなた自身が英文を音読し、ネイティヴ音声と比較することで、ひとつずつ学習することができます。あなたが最初に音読する時、カタカナっぽく「ルック・アット・ザット」と読んでしまうかもしれませんが、ネイティヴの「**ル**ッカァッ**ゼアー**ッ」という発音を聴くことで、発音を矯正することができます。

あなたがもし“look at that”を「ルック・アット・ザット」だと思い込んでいたら、「**ル**ッカァッ**ゼアー**ッ」という音を聴いた時に、両者を結びつけることはできないでしょう。ですが、1度でもきちんと紐づけできていれば、聴くと同時に理解できますし、あなた自身が発声する時でも、「ルック・アット・ザット」ではなく、「**ル**ッカァッ**ゼアー**ッ」と言えるのです。こうした音の変化や消失の法則をまったく知らないと、英語のリスニングは難しくなりますが、思い立った時に、ひとつずつ学習すれば、リスニングで聴き取りやすくなるだけでなく、あなたのスピーキングも、よりネイティヴに通じやすくなります。

音読しながら音の変化や消失に敏感になることで、look at thatのようなチャンク（あるいはフレーズやセンテンス）を、あたかもそれがひとつの“**大きな単語**”であるかのように認識できるようになります。それにより、リスニングとスピーキングだけでなく、リーディングやライティングにおいても、単語単位ではなく、チャンク単位で英語を操れるようになります。チャンクを意識しやすくなる、という意味でも、音読は優れています。

最初からうまく音読するのは難しいですが、慣れてきたら、ネイティヴ音声にそっくり重ねる音読「**オーヴァーラッピング**」を活用すれば、さらに効果的です。また、棒読みになる「**お経《きょう》音読**」ではなく、俳優さんが感情を込めて話すような「**俳優音読**」を心がけるようにすれば、スピーキングの練習にもなり、自分で話せるようになった英文は聴き取れるので、リスニングの鍛錬にもなっているのです。

特に鍛えたい技能は、実際に使うことで伸ばす

あなたが特に鍛えたい（いずれ使いたい）技能は、その技能を実際に使うことで、効果的に高めることができます。「そんなの、あたりまえじゃないか」と思われるかもしれませんが、それができていないことが原因で伸び悩む学習者は少なくありません。

たとえば、「英語を毎日ずっと聴き続けているのに、なかなか英語を話せるようにはなりません」「英会話はこつこつ続けて慣れてきましたが、英語の長文は見ただけで逃げ出したくなります」といった相談を学習者から受けたことが、筆者は何度もあります。

本書の第2章で、「興味のない英語の技能は切り捨てても困らない」と書きましたが、あなたが体得したい技能は、最終的には、その技能の練習によって伸ばす必要があります。

スピーキングが得意になりたいならスピーキングの練習をし、英語の長文を速く精確に読めるようになりたいのなら、長文読解の練習が必要になる、ということです。スピーキングが得意になりたいはずなのに、実際にやっているのはリスニング練習だけ——というのは、野球でピッチングが得意になりたいのにバッティング練習だけをしているようなものなのです。リスニングからスピーキングの学びを得ることもありますが、**スピーキングが得意になりたい場合には、スピーキング練習が不可欠**ということです。

「もちろん、やりたいことを、やりたい時に、やりたいだけやる」のが三日坊主メソッドですから、最初からものすごくストイックに練習される必要はありませんが、**高めたい技術のほうへ、意識を向けておくことが大切**なのです。もしその技能の練習を今すぐ「やりたい」と思えない場合には、機が熟すまで待っても良いのです。上達するには、その道をいつか通るしかないとわかっていれば、なにもしていなくても、心の準備は少しずつ醸成されます。機が熟した時に、「よし、やってみよう」と思えるのです。

英語を速く処理するために必要な備え

「どうすれば英語を速く処理できるようになりますか？」という質問を受けることも、非常に多くあります。中でも特に、英語の長文を速く読めるようになりたい、というケースが目立ちますが、長文読解のリーディングだけでなく、早クチの英語を聴き取るリスニング、英会話で相手にテンポ良く返すスピーキング、英文メールをスムーズに書くライティングなども、「英語を速く処理すること」だと言えるでしょう。

音読練習の説明のところでも触れましたが、全技能共通の解決策としては、最初は単語単位の処理であったのを英単語数語のチャンクやフレーズ単位、そしてセンテンス単位で処理できるように、**英語処理の単位を少しずつ広げていくことが効果的**です。

たとえば、久しぶりに会う（あるいは連絡する）相手に、「その後、どんな感じ？」と聞きたい場合、英語では“How have you been?”などと尋ねるのがお約束です。このセンテンスを、話す時にゼロから考えて生み出すなら、次のような思考になります。

「えーっと、相手がどんな感じかを聞きたいのだから、文頭は『どう？』というニュアンスのHowかな。前回会ってから今までのことだから、現在完了形を使えば良いか。それなら、since then（あの時以来）を使わなくても、そのニュアンスも含められる。疑問文だから、you have been を逆にして、have you been だな。よしっ！“How have you been?”」

メールに書く文章なら、どれだけ推敲されても問題ないでしょうが、実際の英会話で、右のようにじっくり考えて言葉を選んでいたら、ひとこと話すたびに時間がかかるのは当然です。ネイティヴや英語が得意なノンネイティヴが英文を高速処理できるのは、**おぼえているセンテンスやフレーズを、ほとんど考えずアウトプットしているから**です。

要するに、「その後、どんな感じ？」は“How have you been?”という紐づけができていて、それがひとつの〝大きな単語〟であるかのように自然にクチから出れば、英語を高速処理できている状態となります。そのように、**自由自在にアウトプットできるフレーズやセンテンスを増やす**ことが、英語を4技能で高速処理する上での共通の秘訣です。

あなたが“How have you been?”というフレーズをマスターできたら、スピーキングで自分で使えるだけでなく、相手がそのフレーズを使った時にもリスニングで反応できます。英文メールでその表現を使えばライティングですし、相手の英文メールにその表現を見つければリーディングとして瞬時に処理していることになります。

英単語1語1語に意味がありますが、複数の単語から成るフレーズやセンテンスにも、決まり文句としての意味があります。日本語でもまったく同じで、「その後、どんな感じ？」と話しかけたり、話しかけられたりする時に、いちいち「その＋後＋どんな＋感じ」と、単語ごとに分割して意味を考えていないはずです。つまり、「その後、どんな感じ？」というフレーズ（あるいはセンテンス）は、複数の単語から成る〝大きな単語〟なのです。フレーズやセンテンスをカタマリごとに〝大きな単語〟として意識しておぼえることで、4技能すべてで、その表現を高速で使いこなせるようになります。

日本語でも英語でも、「木を見て森を見ず（cannot see the forest for the trees）」というフレーズがあります。木（英単語）をひとつずつ見るよりも、それらが合わさった森（フレーズやセンテンス）の全体像をおぼえることが大切です。たとえ毎日こつこつ勉強している学習者でも、木だけしか見ない学習では、どこかの段階で行き詰まります。森全体を見ることを意識できるようになれば、休止の多い三日坊主メソッドでも、より効果的に成果を出せるでしょう。

フレーズを意識すれば学習効果は数倍に

学習を休みがちな三日坊主ほど、フレーズやセンテンス単位の学習を意識したほうが良いのは、使う機会の多いフレーズやセンテンスは、ひとつおぼえると、ひとつ単語を入れ換えるだけで、いくつもの表現を使うことができ、効率的だからです。

わかりやすい例として、朝のあいさつである“Good morning.”をおぼえたら、morning（朝）をafternoon（午後の早い時間）、evening（日没から寝るまで）、night（日没から日の出）に入れ換えるだけで、“Good afternoon.”（午後の早い時間のあいさつ）、“Good evening.”（日没から寝るまでのあいさつ）、“Good night.”（夜中のあいさつ）を苦もなく使えるようになるでしょう。

あるいは、“I wish you a Merry Christmas.”（＝良いクリスマスをお過ごしください）というセンテンスをおぼえたら、“I wish you a happy New Year.”（＝新年おめでとう）や、“Good luck.”（＝がんばってね）の丁寧な表現である“I wish you good luck.”（＝うまくいくように、祈っています）なども、自然に使いこなせるようになるでしょう。

また、フレーズやセンテンス単位でおぼえるメリットとして、**コロケーション（collocation＝単語と単語の正しいつながり方、連語関係）**まで記憶できる点が挙げられます。日本語においても単語の正しいつながり方は重要で、たとえば、激しい雨であれば「激」＋「雨」ではなく「大」＋「雨」＝「大雨」と単語を並べるのが一般的です。英語では“heavy rain”（直訳すると、「重い雨」）を使うのがふつうです。また、日本語だと、「シャワーする」と言いますが、英語にする場合、“do a shower”とは言わず、“take a shower" となります。shower には「にわか雨」の意味もありますが、「にわか雨に遭う」は「遭う（encounter）」を使って "encounter a shower" ではなく "be caught in a shower" が自然な表現、正しいコロケーションとなるわけです（be caught は「catch＝捕まえる」が受け身になったもので、直訳すると、「にわか雨の中に捕まった」ということです）。

shower の「シャワー、にわか雨」という意味だけおぼえるより、"take a shower" "be caught in a shower" というフレーズ単位で記憶すれば、正しいコロケーションに使われる単語の選択で迷うこともなくなるのです。be caught は主語が "I"（＝私）で過去形の場合は、I was caught となります。それを使ったのが、左の例文です。

I was caught in a shower a short while ago and got wet through.（＝さっき、にわか雨に遭って、ずぶ濡れになったよ）

このような例文ごとおぼえてしまえば、a short while ago（＝少し前に）、got wet through（＝ずぶ濡れになった）というフレーズも併せてインプットできます。そして、例文のようなシチュエイションを実体験し、それを英語で語る際、考えて英作文しなくても、よどみなく、スムーズに言えるようになります。もしこの例文を発音まで完璧に体得し、あっさり言ってのけたら、あなたの英語を聞いた人は、「あの人は英語の達人だ」と感じるでしょう。そうした経験は自信になりますし、体得したフレーズが増えることによって、あなたは、**「英会話で流暢に話せる人」**と見なされるようになっていくのです。

たまに行うトレーニングほど効果が大きい

英語学習には、いくつかの有名なトレーニング方法があります。それらをまんべんなく継続することは、だれにとっても簡単なことではありません。ですが、「無理をして継続する必要はない」三日坊主メソッドの長所を利用して、たまにトレーニングを行えば、いつでも新鮮な気持ちで楽しく臨めますし、だからこそ大きな効果を生みます。

まず、**ディクテーション（dictation＝書き取り）**という方法は、英語の音声を流して、それを書き取る方法です。使う音声は、なんでも構いませんが、ディクテーションを行う場合、初めて聴く音声や、以前に耳にした時にハッキリ聴き取れなかったものが理想です。まずはその音声を1度だけ流して止め、あなたが聴き取れた英文を書いてみてください。

あなたが書けた英文は、あなたがリスニングで、きちんと聴き取れている部分です。**思っていたほど聴き取れていない**ことを確認する意味でも、ディクテーションは意味があります。続いて、その英文を何回くり返し聴いても良いので、何度も聴いて、今度は聴き取れた部分をぜんぶ書いてみてください。何回聴いても、すべての音を聴き取れないことも多いでしょう。今のあなたに聴き取れない音を発見することが、極めて重要なのです。

この章で先にご紹介した音読と書き写しのトレーニングの発展形として、英文を1文だけでなく、いくつもの段落にわたって書き写し続ける、**「写経」**と呼ばれる学習法もあります。これは、まさしく写経のように、英文テキストを延々と書き写す方法です。本家の写経は、ふつうの人にとっては意味不明の漢文であるお経を見たまま書き写す行為ですが、英語学習における写経は、意味不明の英文を延々と書き写すのではなく、きちんと意味を理解した英文を書き写す点が重要です。それによって、理解した気になっていた英文の中に、正確に把握できていなかった部分があることに気づけるようになります。写経しながら音読、声を出せない場合には脳内音読を併せて行えば、さらに効果的です。先に述べたように音読と書き写しは英文を前から順番に理解する練習になりますし、英文を1文だけでなく複数の段落、途切れずに処理できる**英語スタミナ**を育む訓練にもなります。

英文のネイティヴ音声を1文だけ流して止め、そのあと自分で再現してみる**リピーティング**と呼ばれる方法もあります。短い英文は、わりと簡単にリピート（＝再現）できるかもしれませんが、文章が長くなればなるほどリピーティングは難しくなります。ですから、最初は短文で試してみて、少しずつ長めの英文をリピーティングしようとトライすることで、あなたが1度に記憶できる英文の容量を、少しずつ増やすことができます。

また、英語のネイティヴ音声を流しっぱなしにして、少しだけ遅れて自分でもその音声をマネ続ける**シャドーイング**と呼ばれるトレーニングも有名です。ネイティヴ音声にshadow（影）のようについていくことから、シャドーイングと呼ばれます。初級者や中級者には難しく感じられるトレーニング法ですが、できるようになると、英語リスニングへの苦手意識が劇的に薄れてきます。ただし、音を聴いて再現することだけに集中すると、「音は聴き取れているが意味はわかっていない」という状態に陥ることもありますので、**音を聴き取りながら同時に意味を理解できているか**、チェックしてみてください。

これらのトレーニングを毎日行うとすれば、大変すぎて、だれでも挫折します。ですが、三日坊主メソッドでは、「**たまに、思い出した時に、久しぶりのトレーニングをする**」ことで、常に新鮮な気持ちで、だからこそ楽しく臨めます。それを飽きるまで延々と続けられる必要はなく、少しトライして「大変だな」と思われたら、次に思い出すまで休めば良いのです。それこそ、三日坊主の強みなのです。

第5章 英語力を高め続けていくためのヒント

三日坊主ほど「スムーズ暗唱」に向いている

英語学習において、英文の「暗唱（＝事前に暗記した英文を、その文章を見ずにクチに出すトレーニング）」が、もっとも難易度の高い勉強法のひとつであることは間違いありません。海外の英語教育では暗唱が重視されていますが、日本の英語教育ではあまり用いられないため、英語上級者でも暗唱を苦手としている方は少なくありません。

暗唱が苦手な方の場合、何度も途切れながらでも、とにかく1文ぜんぶ暗唱できたら、「できた」と満足することもあります。ですが、1文を途切れずにスムーズに暗唱できるまで何度もくり返し練習して仕上げることが理想です。その目標をいつも忘れないようにするために、筆者は、「不完全な暗唱」と「スムーズな暗唱」を区別し、後者を目ざすトレーニングを**「スムーズ暗唱」**と名づけました。要するにそれは、スムーズに言えることがゴールとなる、暗唱トレーニングです。

さまざまな試行錯誤の末に、筆者がスムーズ暗唱こそ最高の英語勉強法だと確信したのは、２０１３年でした。それ以後、今も常に思いつく限りの英語勉強法を試し続けていますが、スムーズ暗唱の効果を超えられる方法は、いまだに見つかっていません。ひとつだけ、スムーズ暗唱と同じくらい極めて高い効果を生み出し続けられるトレーニングがあります。本書執筆のために初めて完成させた方法で、本章で後述します。

筆者が過去に刊行した英語勉強本でも、スムーズ暗唱は何度もご紹介し、多くの上級者たちから、「スムーズ暗唱は、たしかに最高・最強の方法だと思います」と賛同していただけました。ですが、英語学習を継続することが得意なはずの上級者たちも、かなり負荷のかかるスムーズ暗唱だけは、なかなか続けられず、まさに三日坊主で挫折してしまう方が多いのです。ふだん、ほかの学習メソッドは苦もなく継続できる方ほど、毎日続けるのが難しいスムーズ暗唱には苦手意識を持ってしまうかもしれません。ですが、三日坊主メソッドにおいては、継続にこだわらず定期的な休止を前提としていますので、「たまに思い出した時にやる」だけで良いのです。そこに、われわれ三日坊主の優位性があります。

あなたの選択肢が、仮に**「やるか、やらないか」の2択だけ**であれば、続けるのが難しそうな方法は、「やらない」ほうに仕分けされてしまうでしょう。ですが、選択肢が、もし**「いつもやる、たまにやる、やらない」の3択**であれば、どうでしょう？　「いつもやる」のが無理でも、「やらない」よりは「たまにやる」かな？　と、少し気楽に思えないでしょうか。従来の英語勉強法は、「やるか、やらないか」の2択を学習者に迫り、「やるしかないでしょう！」と鼓舞するものがほとんどです。筆者自身も、今までの本では、そうしたスタンスこそが唯一の正解だと思い込んでしまっていた面もあります。

もちろん、指導者からプレッシャーをかけられることでヤル気を高められる学習者は、「そうだよな。やるしかないよな！」と、ハラをくっていただいても良いですが、本書の主題である三日坊主メソッドにおいては、「やらない」よりは「たまにやる」という判断こそを、大いに推奨しています。**「たまにやる」だけでも、「やらない」よりは、はるかに効果が大きいから**です。テレビのバラエティ番組などで人気の林修《はやしおさむ》先生の、「いつやるか？　〝今〟でしょ！」という決めゼリフも、三日坊主メソッドでは、「いつやるか？　たまにやりますよ。それが私の積極的な選択です」とアレンジして開き直れば良いのです。

準備として「カンニング英訳」を活用する

スムーズ暗唱は、どんな英文を用いても構いません。英語の参考書に載っている英文である必要はなく、ドラマのセリフでも、洋楽の歌詞でも構いません。ただし、英文の意味を理解するのに日本語が必要な場合は、和訳がついているものを選んでください。

和訳なしでも意味を理解できるのなら、英文だけあればスムーズ暗唱のトレーニングが可能ですが、いきなり英文を暗唱するのは上級者にとってもハードルが高いので、準備として、まずは和訳から**「カンニング英訳」**するトレーニングが効果的です。

英訳とは、日本語の文章を英語に翻訳すること。そして、カンニング英訳は、その名の通り、正解の英文をチラチラと見てカンニングしながら英訳する方法です。慣れていないあいだは、日本語を英訳するのは難しいはずですが、正解の英文をチラ見しながら、であれば、だれにでもできます。ただし、チラ見する前に、どう英訳できそうか、少しでも考えてみることが大切です。なにも考えないと、英訳のスキルが鍛えられないからです。

たとえば、次のような英文と和訳でトレーニングするとします。

When did I attempt smooth recitation last time? By using cheat translation, I will try it only if I am reminded of it.（＝前回スムーズ暗唱に挑戦したのは、いつだっただろう？　カンニング英訳を使って、思い出した時だけでもトライしてみよう）

右の和訳を見ながら実際にカンニング英訳するのは、次のような感じです。

「最初の文では、『いつ？』と問いかけているから、文頭はWhenだ。過去の体験を自問しているようだから、主語はIで、疑問文の過去形でdid I……。『前回』というのは、ドラマなどでよく聴くpreviouslyで良いのかな？（答えをチラ見して）last timeか。『挑戦』は、challenge？（答えをチラ見して）attemptが使われているな……あ、そう言えば、challengeは動詞で使う場合には、目的語が人じゃないとダメだったかもしれない。『スムーズ暗唱』の『スムーズ』は、そのままsmoothで良いとして、『暗唱』という単語を、おぼえたことがあったかな……（答えをチラ見して）recitation――これはレサァティシュンと読むのか？　初めて見る単語かもしれない。次の文、『カンニング英訳を使って』は、使うだからuse？『カンニング英訳』は造語だと思うけど、cunning translationで良いのか？（答えをチラ見して）cheat translationか。たしかに、『チート』はカタカナ英語としても、よく使うな。『トライしてみよう』はI will try itで、『思い出した時だけでも』は、only when I remember itかな……（答えをチラ見して）only if I am reminded of itか。リマインダー（reminder＝思い出させるもの）は日本語としても使われるけど、remind A of B――A（人）にB（情報）を思い出させる――という表現が受け身になったものが、この英文のI am reminded of itか。なるほど……」

英訳の正解はひとつではないので、あなたが思いついた別の表現が正しいこともあるはずです。ただし、カンニング英訳は、何度もチラ見しながらお手本の英文を再現することが目的ですので、カンニングしながら例文通りに英訳できることを目ざします（例文通りにするのは、次にスムーズ暗唱する〝準備〟としての意味があるためです）。

カンニング英訳がスムーズ暗唱の準備に適しているのは、たとえカンニングしながらでも、**伝えたい日本語のメッセージを英訳する体験をしている**からです。カンニング英訳とはいえ、あなたがその英文を自分でアウトプットしたのは事実です。あなたがカンニング英訳でアウトプットしたその英文を、最終的にはカンニングせずに自分で再現できれば、スムーズ暗唱の成功となります。もちろん、スムーズ暗唱は、上級者にとっても難易度が高いので、暗唱についても、何回かカンニング暗唱しながらトライしたあとで成功させられたら、それで良いのです。次のような感じです。

「（先ほどカンニング英訳した英文を思い出しながら）ええっと、最初の文は、When did I attempt……『スムーズ暗唱』は、なんだったっけ？（答えをチラ見して）smooth recitation だ。When did I attempt smooth recitation……。『前回』は……last time だったな。続けて言うと、When did I attempt smooth recitation last time? 次、『カンニング英訳』は cheat translation だから、『カンニング英訳を使って』は、By using cheat translation……。『トライしてみよう』は、I will try it……で、『思い出した時だけでも』は、only when…… いや、only if I am reminded of itだ。続けて言うと、By using cheat translation……I will try it only if I am reminded of it. 2文続けて言うと、When did I attempt……smooth recitation……last time? By using cheat translation……I will try it……only if I am reminded of it……。もっとスムーズに、When did I attempt smooth recitation……last time? By using cheat translation……I will try it only if I am reminded of it. 続けて、スムーズに。When did I attempt smooth recitation last time? By using cheat translation, I will try it only if I am reminded of it. できたー!」

　このようにスムーズ暗唱で仕上げた英文は、スピーキングとライティングで容易にアウトプットできるだけでなく、リスニングでは確実に聴き取れ、リーディングでは見ると同時に意味を瞬時に理解できるようになります。**ひとつのトレーニングで英語の4技能を同時に鍛え続けられる、という意味において、スムーズ暗唱は最強**なのです。

　ちなみに、この例文は、学習者が「前回いつスムーズ暗唱した?」と自問し、「たまにでもトライしよう」と決意する心理をそのまま英文にしましたので、この例文をスムーズ暗唱できるように仕上げて、たまにでもリトライしていただければ幸いです。

　音読のところでも触れましたが、声を出して学習するのが難しい環境にいらっしゃる方は、**「脳内スムーズ暗唱」**でも良いのです。慣れてきて、**「歩きながら脳内スムーズ暗唱」**できるようになれば、移動時間のすべてを英語学習にあてることができます。

使ってみたい英文を見つけたら記録する

　英語学習に慣れてくると、勉強のための英語本だけでなく、英語の小説やドラマ、洋楽などに接していて、「この英文（あるいはフレーズ）、カッコイイな」などと感じることが頻繁にあるはずです。そうした時、「いつか自分でも使ってみたいな……」と〝夢見るだけ〟だと、なかなかその英文やフレーズを体得することはできません。

　英単語の暗記に置き換えて、考えてみてください。たとえば、あなたがインターネット上のなにかの英文で印象的な英単語に出会って、「へー、こんな単語があるんだ。いつか使ってみたいな」と〝願うだけ〟では、数時間も経たずに、それがどんな単語であったかを忘れてしまい、その印象的な単語を見たのがどこであったのかを思い出せないばかりか、その単語の存在自体、2度と思い出さない可能性すらあります。

人間の脳は、必要のない知識をふるいにかけるため、記憶したことは通常、少しのあいだだけ保持される「短期記憶（short-term memory）」として一時的に蓄えられます。短期記憶のあいだに復習されなかった記憶は消えてしまいますが、定期的にくり返し脳にインプットすることで、長続きする「長期記憶（long-term memory）」にできます。

たまたま見つけた英単語、あるいはセンテンスやフレーズが気に入ったら、**すぐに記録すること**が、忘れないための鉄則です。インターネット上の記事であれば、画面をスクリーン・ショットすれば良いですし、街中で見かけた英語であれば、周囲の人に配慮しつつスマホで撮影すれば良いでしょう。また、スマホか手帳などにメモすれば、自分で手を動かして記録した行為自体が、記憶の助けになります。

あなたが気に入った英語表現を記憶に定着させられたら、それは、アウトプットで効果的に使えるテッパン・フレーズとなる可能性があります。ただし、そのためには何度も脳にインプットして記憶する必要がありますし、**“記憶”する以前に“記録”しておかないと、その英語表現とどこで出会ったかさえ思い出せなくなってしまう**のです。

もちろん、なにひとつ強制しないのが三日坊主メソッドなので、最初は気が向いた時だけで構いません。暗記の努力は三日坊主で挫折しがちな方も、「スマホで風景を撮影するなんて大変すぎて難しい」という方は、さすがに、なかなかいらっしゃらないのではないでしょうか。情報を記録することが目的ですので、構図にこだわる必要もありません。気になる英語表現を含んだ風景をただ撮影するだけでも、その表現を暗記する準備として有効ですので、三日坊主メソッドにおいては、立派な英語学習だと言えます。

　撮影やメモは、英単語と英文法の学習においても効果的です。どうしてもおぼえにくい英単語や、なかなか理解できない英文法は、それらの英単語や英文法解説が載っている本のページ（あるいはウェブサイトなど）を**撮影するかメモし、その情報だけピンポイントで何度も見返す**ことで、記憶への定着と理解度を高められます。英単語を毎日数十語ずつおぼえたり、英文法書を毎日1章ずつ読み進んだりするのはかなり大変で、簡単にできることではありません。ですが、気になるものを撮影やメモで記録し、1日にひとつの英単語や英文法をじっくりマスターするだけでも、意義ある前進となります。なぜなら、その日に新しい知識をなにもおぼえない、という学習者も多いからです。

成長し続けているか、判定する方法

　三日坊主メソッドを駆使すれば、どんどん英語力を高め続けていくことが可能ですが、

第4章の「プラトー」の話で書いたように、伸び悩む時期は、だれにでも必ず訪れます。その点では、毎日こつこつ勉強している学習者も三日坊主も同じです。

　プラトーの打開策は第4章でご紹介しましたが、人間の身長（成長の限界）に個人差があるように、多くの場合、各人の英語力の成長にも**限界点（あるいは最高到達点）**があります。人間の身長は、大人になって成長が止まると、以後は加齢による骨の摩滅などで縮むことはあっても、縮み始めてからふたたび伸びることは、ふつうはありません。個人の英語力も、その人の限界点に達すると、それ以上は伸びず、以後ゆるやかに衰えていくだけ、ということは、珍しい事例ではありません。いずれ必ず衰えるのだとすれば悲しいですが、人間と違って、たとえば山であれば、いったん成長が止まってからも、大陸移動や火山噴火などによって、現在よりさらに高くなることは、ありえます。個人の英語力についても、身長のように成長が止まった――と、あきらめてしまうと本当に成長が止まり、あとは衰えるだけですが、やり方次第では限界点を突破して成長し続けることも可能です。そのためには、**自分が成長し続けているかどうか確認する**必要があります。

　あなたが接する英文は、通常は、あなたが選択したなにかのメディア（インターネットや本、ドラマ、音楽など）を通して出会うものであるはずです。まさにそれこそ、あなたの英語力の成長が、いつかは止まる理由なのです。つまり、自分で選んだ英語にだけ接していると、自分の限界を超えられなくなる時が必ずくる、ということです。

あなたの英語力が成長し続けているか、成長が止まっている（＝衰え始めている）かを一瞬で判定する方法があります。次のように自問することです。

――今日、知らない英語表現に、ひとつでも出会った？

もしあなたが今日、今まで知らなかった英語表現に、たったひとつだけでも出会ったのであれば、あなたは昨日より成長しています。ですが、ひとつも出会わなかった、ということは、あなたは今日、自分の英語力以下の英文にだけ接したことになるのです。

とは言え、「やりたいことを、やりたい時に、やりたいだけやる」のが三日坊主メソッドですから、接する英語の対象が限定的になるのは当然です。そうした三日坊主メソッドの「たまに思い出した時にだけするトレーニング」として、成長を止めない――表現の幅を広げ続ける――ための方法として有効なのが、**あなたの五感に外部から飛び込んでくる情報を片っ端から英訳してみる**――という方法です。このトレーニングを筆者は何年も前から行っていて、前著『50歳から始める英語』の終盤でも、ご紹介しました。なかなか良いネーミングを思いつかなかったのですが、このトレーニングは**「英訳チャレンジ」**と呼ぶことがいちばん適切であると本書の企画段階で思いつき、初めてメソッドとして完成された感覚を抱きました。この英訳チャレンジこそ、先に述べた「スムーズ暗唱と同じくらい極めて高い効果を生み出し続けられる」ただひとつのトレーニング方法です。これは、あなたが英語表現の幅を広げ続ける上で有効な、かつ、いつでもどこでも、仕事中でもできる、まさにスムーズ暗唱にも比肩《ひけん》しうる、万能のトレーニング法なのです。

表現の幅を広げ続けるには「英訳チャレンジ」

スムーズ暗唱の利点は、「〝スムーズ〟暗唱と言うからには、スムーズに暗唱できるまで仕上がっていると見なさない」という、注意すべきポイントを名前が示しているところです。同様に、本書で初めて命名した「英訳チャレンジ」も、「〝チャレンジ〟と言うからには、今まで英語にしたことのない言葉を英訳する」メソッドの核心を示せています。

先ほど述べたように、英訳チャレンジとは、「あなたの五感に外部から飛び込んでくる情報を片っ端から英訳するトレーニング」です。重要なのは、あなたが自分の意思で選んだ言葉ではなく、外部から偶然に飛び込んできた感覚を英訳で返す、という点です。

人間の五感と言えば、視覚、聴覚、嗅覚、味覚、触覚――です。

まず、視覚の場合、身の回りにあるものや、街中で見かける広告のフレーズなど、目で見て、「これって、英語でなんて言うんだろう？」と思うものや文章を見つけたら、それが英訳チャレンジの対象となります。ものの名前は、知らなければ調べないとわかりませんし、英訳できないフレーズも調べる必要があります。ともかく、気になったものを見つけたら、画像（撮影）あるいは文字（メモ）で記録し、英訳チャレンジするのです。また、電車やバス、タクシーの中であれば、あえて記録しなくても車内広告を見ながら英訳できますので、より気楽にトライできます。さまざまな広告を順番に見て、「これは英訳できそうだな、こちらは難しいな」と考えるだけでも、英訳の訓練の第一歩となります。

たとえば、次のような広告のフレーズが目に飛び込んできたとします。

「3か月で効果が出る奇跡の英語教材に大反響！」

これを英語でどう言えるだろう？　と考えて、実際に英訳してみるのが英訳チャレンジです。人前では声を出せないので**脳内英訳**で構いませんが、あなたひとりしかいない場所であれば、声に出して英訳してみると、なお効果的でしょう。その場で思いつかない――あるいは、辞書を検索することができない時には、記録しておいて、あとで調べるしかありません。この**わからないことを考えるプロセスで成長できる**のです。

英文を組み立てるのには、ある程度の文法知識が必要ですが、ほとんどの単語は、和英辞書で調べることができます。最初は文法的に不正確であっても、今まで知らなかった単語を、順番を工夫して並べてみるだけでも英訳の練習になります。

日本語独特の概念は、どれだけオンライン辞書を検索しても見つからないこともあります。そうした場合は、仮の英訳をして、その英文を保存して、後日なにかの拍子に、より適切な英訳が見つかった時に、正しい英文に上書き更新すれば良いのです。

模範解答は、ひとつではありませんが、先ほどの広告フレーズの場合だと、英訳チャレンジの例として、たとえば次のような思考をたどるケースが考えられます。

「えーっと……『3か月で』は、3か月〝後〟に効果が出るのであれば、in three months。3か月〝以内〟なら、within three months。この場合は前者かな？　『効果が出る』は……（辞書を検索して）bring good results、これを未来形にすれば良いか。『奇跡』は miracle だけど、『奇跡の』は形容詞だから miraculous。『英語教材』を直訳すると English materials だけど……（辞書を検索して）『教材』は teaching materials と learning materials の2種類あるようだ。この場合は、学ぶ立場だから、learning materials だな。『反響』は、good response かな……（辞書を検索して）create a great sensation で『大きな反響を生む』という表現がある。ニュアンスとしては、これまで継続的に反響があるのだろうから現在完了形。まとめると、「The miraculous English learning materials, which will bring good results in three months, have created a great sensation.――といった感じかな？」

日本語と英語では表現方法が異なる場合も多いので、直訳に近い英訳をした時には特に、違和感が生じることも多いはずです。和訳された海外小説をよく読まれる方は、違和感のある日本語を見つけた経験があるかもしれません。それも同じことで、原文の英語を直訳したことで、おかしな日本語になってしまう場合があるためです。読書好きの方の中には、「ふつうの日本語では出てこない表現こそ、翻訳された作品の魅力だ」と指摘される方もいらっしゃいます。異なる言語は必ずしも1対1で対応するわけではありませんので、どうしてもニュアンスのズレはあって当然なのです。

もし知り合いにネイティヴがいて、あなた自作の英文を読んで添削してもらうことが可能であれば、さまざまな学びや気づきを得られるはずです。ネイティヴの知人がいない場合でも、インターネットの質問サイトに英文を書き込めば、親切なネイティヴが添削してくれるでしょう。オンライン上だけでやりとりできる有料の英文校正サービスは多くありますし、英文校正ソフトなどもあります。ただし、ネイティヴも人によって意見は大きく分かれるので、正解の文章は必ずしもひとつではありません。

たとえば、先ほどの例文「３か月で効果が出る奇跡の英語教材に大反響！」であれば、先ほどの直訳より少し意訳して、次のような英文にすることもできます。

The English materials have been receiving many favorable reviews from learners, who succeeded amazingly in their studies within three months. (直訳すると、「その英語教材は、３か月以内に驚異の成果を上げた学習者たちから好評を集め続けている」)

英訳してみたものの、どこか自分でも納得できない英文は、ネイティヴに添削してもらうと、引っかかっていたポイントを解決できる場合が多くあるでしょう。ただし、英訳チャレンジのトレーニングは、ともかく片っ端から英訳する場数を踏むことです。ひとつひとつの英文の正確さにこだわりすぎるよりは、ともかく英訳する回数を増やすことで、**さまざまな日本語を英訳する瞬発力を身につける**ことのほうが重要です。

英訳し続けることで英語思考が身につく

先ほどご紹介したのは、視覚で捉えた情報から英訳するチャレンジでした。聴覚からの刺激に反応する場合であれば、テレビやYouTubeから聞こえてくる音や、街中で耳にする音（アナウンスや他人の会話）などを英訳チャレンジできます。中でも、ニュースで読み上げられるような比較的長い文章を聴くと同時に英訳を試みる**「なんちゃって同時通訳」**は、さらに負荷がかかり、鍛えられます。たとえば、次のような練習が考えられます。

「新型コロナウイルスの影響で延期となっていた、いくつかの地方イベントが……Several local events that were postponed under the influence of COVID-19……ようやく開催されるケースが増えており……have finally been held. The number of them is increasing. ……各地で喜びの声が上がっています……People in the areas are bubbling with joy……」

なんちゃって同時通訳は、ほとんど考える間もなくひたすら訳し続けないといけないので、英訳チャレンジの中でも最高レベルに負荷がかかります。英語上級者の方にとっても決して簡単ではないはずですが、だからこそ効果が大きいとも言えますし、自分がふだん使わない表現を見つける上でも役立ちます。瞬時に英訳するので、正しい英文にできなくても問題ありません。反射的に英語を生み出す練習をすることが重要なのです。

嗅覚、味覚、触覚で受ける刺激は、視覚と聴覚に比べると、瞬間的なものが多いかもしれません。たとえば、日常生活の中で、「ひきたてコーヒーの良い匂い」（嗅覚）、「まろやかでコクのある舌触り」（味覚）、「肌を刺すような冷たい風」（触覚）……などの感想がふと脳内に浮かんだ時に、英訳チャレンジで the fragrance of fresh coffee、the mellow and rich texture、the bitingly cold wind などの表現を生み出す（あるいは探し出す）ことで、自分で使える英語表現を増やせて、英語力を高め続けることにつながります。

要するに、外部から受ける刺激への反射だけでなく、内側から湧き起こる思考も含めて、あなたの脳内に浮かぶ日本語を次々に英訳チャレンジする――あなたの世界を英語で埋め尽くすことで**「英語思考」**が身につき、英語力を高め続けられるのです。

当然ですが、ネイティヴは、常に英語で考えて、英語で話しています。その境地に近づき続けるためには、あなたの脳が処理する日本語を、すべて英訳チャレンジし続ければ良いのです。もちろん、最初からうまくできる人はいませんが、英訳チャレンジの回数を増やすことでのみ、表現の幅を広げ続け、英語思考を身につけることができます。

多くのアスリートが、「練習でできないことは本番でもできない。だから、まず練習でできるようにする」といった発言をされています。英語で話す本番——英会話——で、言葉に詰まらず話し続けるためには、ふだんから英語を話す環境にあれば理想ですし、ふだん英語で話す機会がない場合には、英語で考えようとする（脳内の日本語を片っ端から英訳チャレンジしてみる）ことが、最高の英会話トレーニングになるのです。

英訳チャレンジをくり返した末に、**〝英訳〟の必要がなくなり最初から英語思考が浮かぶ境地**になれば、英会話で言葉に詰まることは、なくなるでしょう。

英訳チャレンジ（特に、なんちゃって同時通訳）は、負荷のかかる方法ですので、毎日トレーニングされる必要はありません。三日坊主メソッドの一環として、「思い立った時に、たまにトライする」だけでも、かなり効果があります。

成長を維持し続けるために有効な対策

英語力の成長がどこかで頭打ちになる場合、個人の能力や年齢などの要因は関係ありません。成長が止まるのは、**成長が止まる仕組みを知らず、それに備えていないから**です。

英語学習が軌道に乗り始めると、第4章でご紹介した「プラトー」をたまに経験しながらも、ある時期までは、どんどん成長し続けます。ですが、どこかの段階で、「勉強し続けているのに、これ以上は伸びる気がしない」という、まさに頭打ちの状態になることを多くの学習者が経験します。ＴＯＥＩＣのスコアで言えば、学習を継続すれば多くの学習者が６００点に到達しますが、７００点、８００点、９００点とスコアが高まるにつれて、到達できる人の数は減り続けます。どれだけ長期間がんばり続けても、ある段階のスコアを超せずに、そこで、あきらめる——というケースも多くあります。

成長が止まる理由は、ふたつあります。ひとつめは、**知らない英語に触れ続ける仕組みをつくれていないこと**。これについては、先にご紹介した成長を判定する方法と英訳チャレンジを定期的に活用することで、打開できます。そして、成長できなくなるもうひとつの理由は、**単語や文法の知識をメンテナンスしていないこと**です。

どんな天才的な頭脳を持った記憶の達人でも、いったんおぼえたことを忘れ続けるのが人間の脳の大原則です。英語力の成長が止まるのは、**いったんおぼえた単語や文法の知識を自分が忘れ続けている（記憶が退化している）ことに気づいていないから**です。

大きな駅や空港などにある「動く歩道（moving walkway）」に、逆向きに乗っていると想像してみてください。歩かない限り、どんどん後ろへ押し戻されます。記憶の仕組みもこれと同じで、何度もおぼえ続けない限り、どんどん忘れ続けます。たとえ最近数か月で100の知識をインプットしても、その間に100を忘れたら、プラマイゼロで、数か月前から成長できていないのです。マイナスが上回った場合は退化することになります。

上級者になると、知らない英単語や英文法に出会う機会が少なくなりますので、英訳チャレンジなどで意識的に取り組まない限り、新しい知識をインプットする量は減ってしまいます。その間も脳は古い知識を忘れ続けていますので、成長が止まっている――あるいは、英語力が退化している――ような状態に陥ってしまうのです。それを防ぐには、なにかの商品を売るお店が定期的に棚卸《たなおろ》し（＝店内にある商品の総確認）をするように、**「記憶のメンテナンス」**をするしかありません。具体的には、**「おぼえた気になっているものの、実は忘れている知識」**を確認するために、単語本や文法書を活用することが有効です。

単語本や文法書で学習する時、最初は、知らない知識を得ることがメインになっています。それらの知識をいったんおぼえて終わりではなく、たまに復習することで、忘れかけていた知識を、より強固に記憶に刻みつけることができます。

具体的な方法としては、単語本や文法書には、収録されている単語や文法項目を巻末などに一覧にしてある索引《さくいん》がありますので、それを上からひとつずつ順番に見て、ハッキリ思い出せないものを見つけたら、そのページを開いて、学び直すのです。面倒なようですが、こうした記憶のメンテナンスを定期的に行うことでのみ、記憶の退化を防げます。成長し続けるためには、このように**記憶の退化を防ぐことが不可欠**です。

もちろん、棚卸しばかりするわけにはいきませんので、たまに、で構いません。記憶のメンテナンスも、「思い立った時にやる」三日坊主メソッドに加えておいてください。1度にすべての知識を総復習するのが物理的に難しい場合は、数回に分けて、少しずつメンテナンスされる方法で問題ありません。毎日勉強していても、まったく復習しないよりは、たまにでもメンテナンスしたほうが、長期的には記憶量に大きな差が出てきます。

文法項目は単語ほど数が多くないので、何度もメンテナンスして記憶が強固になれば、復習の回数を減らしても、一時的に忘れにくくなることはありえます。ただし、数か月とか数年その知識を使っていないと、忘れてしまう可能性が高いです。

単語については、たくさんおぼえ続けていても、数%か数十%は常に忘れ続けていますので、文法より頻繁にメンテナンスが必要です。電子辞書や電子書籍リーダーには、過去に自分が調べた単語が記録される**「ヒストリー機能」**のあるものが多くあります。ヒストリー機能で、いちばん最近調べたものから順番に見返して、忘れているものは、また調べ直すことをくり返せば、記憶に定着しやすくなります。

知識を深めるには英英辞典とシソーラス

記憶を維持するには定期的な復習が有効ですが、**英英辞典やシソーラス（thesaurus＝英語類語辞典）**を活用し、知識をより深めることで記憶を強化する方法もあります。

英英辞典というのは、英単語を英語で解説している辞書なので、日本語は、いっさい掲載されていません。学習をスタートされた直後には難しく感じられるかもしれませんが、解説の英語自体は比較的簡単ですので、中級以上の英語力があれば、読むこと自体は、さほど苦労されないでしょう。英英辞典を活用するメリットは、大きくふたつあります。ひとつめは、日本語に1対1で置き換えるのが難しい英単語のニュアンスを理解しやすくなる、ということ。もうひとつは、英単語を解説する文章そのものが、英語の概念を簡単な英語で説明する文章のお手本として参考になる、ということです。

たとえば、"I appreciate it."（＝感謝します）という必須フレーズで有名なappreciateには「感謝する」という意味のほかに「(名画などを) 鑑賞する」という重要な意味もあります。筆者は昔、学習初期の頃には、「どうして『感謝する』と『鑑賞する』で同じ単語を使うんだろう？　ぜんぜん違うじゃないか」などと思っていたものですが、ある時に見たオックスフォード現代英英辞典（Oxford Advanced Learner's Dictionary）に"to recognize the good qualities of somebody (or something)"（＝だれか、あるいは、なにかの高い価値を認めること）という説明文が書かれていて、「なるほど！」と膝を打ちました。だれかにappreciateする時は、「その人がしてくれたことの高い価値を認める」という意味で「感謝する」であり、名画などをappreciateする時は「その作品の高い価値を認める」という意味で「鑑賞する」だったのです。「感謝する」と「鑑賞する」という日本語の意味だけで丸暗記していると、ほかの単語との微妙なニュアンスの違いがわからず混乱しますが、英英辞典で解説されている単語本来のニュアンスを知れば、理解度が増して記憶がより深く定着し、自分で使う時にも混乱しなくて済むのです。

シソーラス——英語類語辞典は、同じ意味の英単語を探す際に使われます。インターネットで「thesaurus」あるいは「英語類語辞典」で検索すれば、解説も英語で書かれているシソーラスと解説は日本語で書かれている英語類語辞典が、いくつも出てきます。英語で解説されるシソーラスは類義語がかなりたくさん表示されて、かえって混乱されるかもしれないので、最初は日本語で解説されている英語類語辞典のほうが使いやすいでしょう。

英語の文章作法では、ひとつの文章や段落の中で同じ英単語を使うことを避け、別の英単語で言い換えるのがふつうです。そのため、シソーラスを重宝するのですが、それとは別に、似たような英単語の微妙な意味の使い分けを知る際にも、とても役立ちます。

たとえば、「後悔する」という動詞を使いたくて和英辞典で調べると regret と repent のふたつが出てきます。このふたつの単語は、どう違うのだろうと考えて、オックスフォード現代英英辞典で調べてみると、regret は“to feel sorry about something you have done or about something that you have not been able to do”（＝あなたがしたことや、できなかったことを残念に思うこと）と、repent は“to feel and show that you are sorry for something bad or wrong that you have done”（＝あなたがした悪いことや間違ったことを残念に思い、それを示すこと）と書かれています。どちらも自分の過去の行為を「後悔する」点は共通しますが、repent のほうが悪い行為を後悔し、なおかつ、その感情を示すニュアンスもありそうです。repent のほうには formal（堅苦しい表現）という注意書きもありますので、「後悔する」意味でカジュアルに使えるのが regret と言えそうです。

ただ、本当にそれだけの区別で良いのかな、と思った時に、試しに、大修館書店の英語類語辞典で repent を調べてみると、次のような結果が出てきました。

後悔する……regret, repent, grieve, lament
懺悔《ざんげ》する……confess, repent, shrive

repentの「後悔する」意味での類語はregret、grieve、lamentで、「懺悔する」意味での類語はconfessとshriveということです。つまり、もしあなたが英文の中で「後悔する」という動詞を複数回使いたい場合、初出はregret、2回めはrepent、3回めはgrieve、4回めはlamentを使うこともできますが、「懺悔する」という動詞を複数回使いたい場合には、初出のrepentの次にregretで置き換えるのは適切ではなく、confessあるいはshriveを使ったほうが良い、ということになります。

シソーラスのメリットは、regretとrepentのような類語の明確な違いを知るだけでなく、すぐに浮かばなかった類語の存在も知ることができる点です。

ちなみに、英語のウェブサイトThesaurus.comでrepentのsynonym（同意語）を検索してみたところ、次のような語（句）が表示されました。

apologize / atone / deplore / bewail / lament / reform / regret / relent / rue / sorrow / be ashamed / be contrite / be sorry / feel remorse / have qualms / reproach oneself / see error of ways / show penitence /

ここまで多いと、かえって使い分けに困られるかもしれませんが、いわばこれは、repent の親しい友達のようなものです。ある人が親しくつきあっているグループを見れば、その人自身の個性が浮かび上がってくるように、repent の仲間の単語を知ることで、repent という単語の個性を、より深く理解できます。それによって記憶は強固に定着しますし、細かいニュアンスで英単語を使い分けることも可能になるのです。

英語に煮詰まったら、ほかの言語学習が効く

英語学習を続けている人が、途中から、ほかの語学にも関心を強めるケースは珍しくありません。どの言語も、習得方法は、まったく同じです。ひとつの語学をマスターできそうな手ごたえを得たら、次に別の言語も、と考えるのは当然の欲求でしょう。特に、これからは「英語は、話せて、あたりまえ」の時代になりますから、「日本語と英語のほかに、

どんな言語を話せるか」で、大きな差がつく（差をつけられる）のです。

まだ英語もマスターできていないのに、ほかの言語のことなんて考えられない、と思われる方も多いでしょう。が、実は、ほかの言語を学習することで、英語学習がさらに劇的に前進することは、よくあります。

まず、英語ではない外国語を学習し始めた時に、多くの人が実感するのは、**英語ほど簡単な言語は、ほかに存在しない**という事実です。もちろん、あなたが学習する外国語が英語だけの段階では、英語を難しいと感じられて当然です。が、ほかの言語の入門書を買ってきて読めば、英語より、はるかに複雑なルールがあることを理解されるはずです。こんにちの英語は、いわば**「世界語（世界の共通言語）」**としての地位を確立しています。それは英語圏の国の優位以前に、英語が**人類史上もっとも簡単な言語**だから、なのです。

英語だけを勉強している人は、英語って難しいと感じ、嫌けが差して学習意欲が鈍ることもあるでしょう。そういう時こそ、テクニックとして、あえて、ほかの外国語の世界を少し覗《のぞ》くことで、「この言語と比べたら、英語は、なんて簡単なんだ！」と実感でき、英語への苦手意識が軽減されるのです。

たとえば、あなたが、だれかに命じられて20キログラムのバーベルを上げさせられることになったとします。それまで20キロ以下のバーベルしか上げたことがなければ、「うわー、20キロは本当に大変だ。こんなの、やってられないよ」と思うこともあるでしょう。そんな時、ダメモトで良いからと、だれかに少し助けてもらいながらでも、50キロのバーベルを上げてみたら、どう思うでしょうか？　自分ひとりで上げられたわけでないとしても、50キロのバーベルの重さを知ったら、20キロは、そんなに大変だと思わなくなるはずです。そうした**意識の変化**が生じるだけで今まで難しかった課題をラクラクとクリアできるようになることは、英語学習に限らず、さまざまな世界で、よくあります。

　ほかの外国語を英語より先にマスターする必要などありません。もしそんな芸当ができるなら、それに越したことはないですが、英語より簡単な言語は存在しないので、ふつうは、最初にマスターするとすれば英語です。ほかの外国語は、「英語って、なんて簡単なんだ」と実感するために、その世界をちらっと覗くことに意味があるのです。

欧米にマルチリンガルが多いのには理由がある

　日本社会において、英語ができる人は昔より格段に多くなりました。バイリンガル(bilingual＝2か国語を使える人)は、現代日本では、もう珍しくありません。それでも、トライリンガル（trilingual＝3か国語を使える人）は、日本ではまだ珍しいでしょう。

ヨーロッパや北米（アメリカとカナダ）など、いわゆる〝欧米〟では、4か国語以上を話すマルチリンガル（multilingual＝複数の言語を使える人）も珍しくありません。が、言語習得において彼らが日本人より特別に優れているかと言うと、そうではありません。

まず、イギリス、アメリカ、カナダ、オーストラリアなどの公用語である英語は、言語学的には、インド・ヨーロッパ語族のゲルマン語派に属します。同じ派にドイツ語も属していますので、英語とドイツ語は共通点が多いことで知られています。一方、ヨーロッパの主要言語であるフランス語、スペイン語、ポルトガル語、イタリア語は、インド・ヨーロッパ語族のイタリック語派に属し、ラテン語の方言（ロマンス諸語）がそれぞれ独立したものです。英語とドイツ語は、元々はラテン語とは別の系統だったのですが、途中で影響を受け、英語の中にもラテン語由来の語が多くあります。そのため、欧米の言語は、どれも根本的に似通っているのです。

一例として、たとえば、次のような例文で考えてみましょう。

John Paul, a Catholic novelist, is also known as a translator.（＝キリスト教カトリ

ックを信仰する小説家のヨハネ・パウロは、翻訳家としても知られている）

この英文をポルトガル語で書くと、次のようになります。

João Paulo, um romancista católico, também é conhecido como tradutor.

もしあなたがポルトガル語の知識ゼロであったとしても、先の英文と比較して、「あれ？　なんとなく似てない？」と感じられたのではないでしょうか。その感覚は正しく、英語とラテン語起源のロマンス諸語は、単語や文法に多くの共通点があるのです。

ポルトガル語のumは英語のa、romancistaはnovelist（＝小説家）、católicoはCatholic（＝キリスト教カトリックの）。名詞と形容詞の順番が逆になっているのは、英語では形容詞が前から名詞を修飾し、ポルトガル語では後ろから修飾するのが一般的だからです（ただし、どちらの言語でも、この語順が逆になる場合もあります）。ポルトガル語のéは英語のis、tambémはalso、conhecidoはknown、comoはas、tradutorはtranslator――こうして見ていくと、ただ単語を入れ替えただけのようにさえ思えるのですが、その認識で正しいです。英語とポルトガル語で、まったく別の文章になる場合も当然あるのですが、右の例のように、ほとんど同じ構文で単語だけ違う、という例も多くあります。つまり、英語がわかっていれば、単語さえおぼえればポルトガル語も使える、ということです。中国語を知らなくても、漢字だけでなんとなく意味がわかるのに似ているかもしれません。

英語とポルトガル語は、本来は別の語派なのに、ここまで似ています。同じ語派で、なおかつポルトガル語と「双子の言語」と言われるスペイン語は、さらに似ています。

先ほどの例文をスペイン語で書くと、次のようになります。

Juan Pablo, un novelista católico, también es conicido como traductor.

先ほどのポルトガル語の文章と見比べてみてください。「え？　これって、微妙に違うけど、ほとんど同じじゃないの？」と、お感じになったのではないでしょうか。筆者が学習しているのはポルトガル語だけですが、ポルトガル語とスペイン語の例文を並べているテキストをいくつか使用していて、それらで両者の類似に、いつも驚かされています。

欧米の言語というのは、このくらい似通っており、だからこそマルチリンガルも珍しくないのです。日本人でも、標準語、関西弁、九州弁、東北弁などを使い分けられる〝マルチリンガル〟は珍しくないでしょう。欧米人も、そうしたケースと同じなのです。

つまり、英語をマスターしさえすれば、欧米の複数言語を習得するのは、そんなにも難しくない、ということです。あなたが以前は「英語が話せるようになるなんて考えられない」と思っていたとしても、英語習得が不可能ではなく、英語さえマスターすれば、さらにほかの欧米言語も複数習得できるかも、と思ったら、ワクワクしませんか？

英語をマスターする、というのは、世界の共通言語をマスターするだけでなく、そのほかの主要言語をマスターできる可能性をも手にできることも意味するのです。三日坊主だった人がマルチリンガルとして花開いたら、こんなにも胸躍る話はないでしょう。

三日坊主メソッドがあれば、なんでも成功できる

なにごとに対しても三日坊主な人は、大きなことは実現できない――という考えは、世間で広く信じられている「常識」ではないでしょうか。筆者自身も、以前は、そう思い込んでいました。だからこそ、これまでの英語本で「三日坊主」を推奨したことは1度もな

かったのです。それなのに今回、三日坊主がテーマになったのは、奇をてらったわけでも、心境の変化があったわけでもなく、本書のまえがきで書いたように、**「三日坊主にこそ、大きな可能性があるのかもしれない」**という、新たな視点を見つけられたからです。

三日坊主の人がなにかに挑戦する際には、ふつうは、「いかに三日坊主にならずに結果を出すか」ということを考えるケースが多いでしょう。筆者自身も以前はそう信じていたのですが、編集者から、「多くの人は英語学習が三日坊主で終わるのに、どうして流水先生は挫折しなかったんですか？」と尋ねられた時、**「違う！　自分は人一倍の三日坊主だからこそ成果を出せたんじゃないのか！」**と、過去最大の気づきが得られたのです。

筆者だけでなく、なにか新しいことを始められる時に、いつも三日坊主で終わってしまう方は決して少なくないはずです。もしあなたが「また三日坊主で挫折してしまった。この分野も自分には向いていない」と思ってしまったら、夢の続きはありません。ですが、最初のトライでは三日坊主で終わったことの中に、あなたのライフ・ワークとなりうるものが、あるかもしれないのです。筆者にとっては、英語がそうでした。

飽きっぽさを〝克服〟するのではなく、三日坊主を〝武器〟とする――それが、筆者が本書で初めてご提案するメソッドの核心です。三日坊主メソッドは、「続けたいのに続けられない」状態を否定しません。そして、「何度やり直してもいい」ことをルールに掲げ、ドリーム・キラーやマウンティング・パーソンの妨害には耳を閉ざします。そんなちょっとした工夫の積み重ねで、三日坊主であっても——いや、三日坊主であるからこそ——あなたは、新しい分野で成功できる可能性を保ち続けることができます。これはもちろん英語学習に限ったことではなく、あらゆる新しい分野への挑戦に当てはまります。

本書をここまで読み通してくださったあなたが、英語学習や、なにかの挑戦で大きな結果を出してくださることを祈りつつ、最後に総復習の意味で、本書でご紹介した三日坊主メソッドを対象レベル（全レベル共通・初級者・中級者・上級者）ごとに分類、整頓した１０１のリストを掲載いたします。その時々で、ご活用いただければ幸いです。

〈全レベル共通で活用していただきたい三日坊主メソッド〉

- 「これなら、できるかも。やってみたい」と感じることから始める。……P25
- 学習法を選ぶ際には、「何度やり直してもいい」と気楽に構える。……P27
- できる自信のないこと、気乗りしないことに無理に挑戦しなくていい。……P27
- 今の自分には無謀と思えることも、やってみたいのならトライしていい。……P28

- 続けられない方法は、〝今の〟自分に合っていなかった、と見なす。……P28
- 他人からのアドバイスは真に受けず、あくまで参考程度に考える。……P28
- 同じアドバイスが、自分にとって正しい時と間違っている時がある。……P29
- 選択した道が「険しい」と感じたら、「楽しい回り道」へ軌道修正。……P30
- だれかが教えてくれた方法が難しい場合、それに縛られる必要はない。……P30
- 自分や他人の「常識」に、学習法を選ぶ判断を左右されなくていい。……P31
- 少しでも気乗りしない学習法は、徹底的に避ける。……P32
- なにひとつ気乗りしない時には、またヤル気が湧くまで待つ。……P32
- 「やってみたい」と感じた学習法のレパートリーを増やし続ける。……P38
- 挫折しない方法を見つけたら、続けられる限り、それを続ける。……P39
- 自分の得意な学習法に飽きてきたら、ほかの方法に時間を回す。……P40
- 英語学習の選択肢を増やし、「学習ローテーション」で回し続ける。……P53
- プライベートや仕事が大変な時には、学習をリセットし休む。……P57
- 今の学習が〝つらい〟〝苦しい〟と感じる時には学習法を見直す。……P57
- 興味のある英語関連のものを「常に目に入るところに置く」。……P62

- 英語学習に使う素材は、優先順位の高い順番に目立つように置く。……P65
- 目標を絞り、「やりたいことを、やりたい時に、やりたいだけやる」。……P72
- ドリーム・キラーは意識して遠ざけるか、難しい場合は心を閉ざす。……P80
- あなたを応援する人に潜む、マウンティング・パーソンに気をつける。……P84
- 同じレベルでがんばれる人や、応援してくれる人たちを大切にする。……P86
- 他人からの声援は「ない前提」で、応援されたら、より感謝する。……P89
- 忙しい時は当然あるので、「できない時は、無理をしない」。……P91
- YouTubeの英語チャンネルを検索し、興味が湧くものを見つける。……P99
- 英単語は「おぼえたい時に、おぼえられるだけ、おぼえたら良い」。……P108
- 学習に後退はなく、常に前進できていることを実感する。……P123
- 勉強時間を決める場合は、机に座ることが目的にならないように。……P127
- マンネリ化を防ぐためにも、同じ学習法に縛られなくていい。……P128
- 気持ちが乗らない時には、思い切って〝休む勇気〟を持つ。……P129
- 勉強を休んでも気分が変わらない時には、娯楽の英語も断ってみる。……P130
- 使いたい英語の技能は、その技能の練習をするしかない、と意識しておく。……P145

- たまに、思い出した時に、久しぶりのトレーニングをする。……P152
- 気に入った英語表現を見かけたら、忘れる前に撮影かメモで記録する。……P166
- おぼえにくい英単語や英文法は撮影かメモで記録し、それだけを見返す。……P167
- 「今日、知らない英語表現に、ひとつでも出会った？」と自問する。……P168
- 三日坊主を〝克服〟するのでなく、〝武器〟として活かせることを自覚する。……P192

〈初級者の段階で特に活用していただきたい三日坊主メソッド〉

- 最初の方法が止まったら、次に学習する方法を探し始める。……P34
- 何百回トライしてもいいので、挫折のたびに落ち込まなくていい。……P35
- 学習法が合わない時、「まだ機が熟していない方法を見つけた」と考える。……P37
- 学習法を何日連続できているか、または何日ぶりか記録する。……P43
- 進捗状況を％で記録し、蓄積される成果を〝見える化〟する。……P45
- 2周め以降は周×100％＋現在の％で、さらに積み重ねていく。……P45
- 「いつ中断してもいい、たくさん同時進行してもいい」と開き直る。……P52
- 英単語と英文法は、ヤル気が湧かないなら、やらなくていい。……P68

・簡単な英会話を楽しみたいだけなら、基本フレーズの丸暗記でいい。……P68
・どうしても気になった英単語と英文法を調べるだけでもいい。……P70
・まずは将来使いたい英語技能ひとつかふたつだけに限定してもいい。……P71
・学習の初期段階で、「正しい発音がわからない」と悩まなくていい。……P73
・英単語のスペリングを正確におぼえられなくても、ほぼ困らない。……P75
・学習を休む期間が続いても、いつか再開したい気持ちがあればいい。……P92
・継続が難しそうでも「形から入る」ことを優先するなら、それもいい。……P95
・４月スタートを逃しても、興味が湧いたらＮＨＫの英語番組を試す。……P96
・英単語や英文法を強化したい気持ちが芽生えたら、本を探す。……P102
・英単語本に設定されているノルマは無視して、自分のペースでいい。……P106
・難しい英文法書は「ほかの本を併用する」か「いったん使用をやめる」。……P108
・最初に「合わない」「難しい」と感じた本は、いったん寝かせよう。……P109
・「嫌い」と感じる本は、自分がそう思ってしまう理由を考えてみる。……P111

〈中級者になっても活用していただきたい三日坊主メソッド〉

・英語学習は、ひとつのことに絞らず、できるだけ分散させる。……P53
・存在を忘れがちな「二軍」と「三軍」の本も、たまにチェック。……P66
・知っているフレーズを増やす意識で、使える表現の幅を広げる。……P70
・スペリングはまず漠然とおぼえて、徐々に記憶を矯正すればいい。……P78
・英単語や英文法の本は、飽きたら次々に別の本を試していい。……P103
・複数の本で同じ知識に出会うことで、記憶を強固に定着させる。……P104
・自分の英語力を知りたくなったら、ＴＯＥＩＣなどの試験で測定する。……P113
・外国人との会話がうまくいかない時、相手のせいかも、という視点も持つ。……P117
・外国人との会話がうまくいかず、落ち込むことも３日で飽きるように。……P119
・外国人と会話が通じない時、声の大きさや滑舌にも気をつけてみる。……P121
・あまり成長できていない、と感じる時には、少し前を思い出す。……P121
・正しい発音が気になり始めたら、電子辞書やオンライン辞書で確認する。……P133
・成長が停滞している時には、音読や書き写しにトライしてみる。……P135
・音読する場所がない時には、「脳内音読」だけでもやってみる。……P138

・自分の発音を録音し、聴いてみて、ネイティヴ発音と比較する。……P138
・単語のシラブルとアクセントを意識すれば、発音は改善できる。……P140
・単語と単語が連結する時の、音の変化や消失パターンを音読で学ぶ。……P142
・音読によって、チャンク（複数の英単語）単位で処理する癖をつける。……P144
・ネイティヴ音声に重ねる「オーヴァーラッピング」を「俳優音読」で。……P145
・単語単位からセンテンス単位へと、英語処理の単位を大きくしていく。……P147
・フレーズやセンテンスを、〝大きな単語〟として意識しておぼえる。……P148
・単語を一部入れ換えるだけで、使えるフレーズやセンテンスを増やせる。……P149
・ディクテーション（書き取り）で、リスニングの弱点を発見する。……P152
・英語学習に煮詰まったら、ほかの言語の世界を覗いて、英語の簡単さを知る。……P185
・ほかの言語に比べたら英語は簡単だという意識の変化で、苦手意識を克服。……P186

〈上級者になっても活用していただきたい三日坊主メソッド〉

・英語に慣れてきたら、英語でYouTubeチャンネルを検索してみる。……P101
・英文を複数の段落にわたり書き写す「写経」で英語スタミナを養成。……P153

・リピーティングで、1度に記憶できる英文の容量を大きくする。……P154
・シャドーイングでは、聴き取りながら意味を理解できているか確認。……P154
・「スムーズ暗唱」は、「やらない」より「たまにやる」ほうがいい。……P158
・和訳から英文に直す「カンニング英訳」で「スムーズ暗唱」の準備。……P160
・「カンニング英訳」した英文を「スムーズ暗唱」できるまで仕上げる。……P163
・「脳内スムーズ暗唱」と「歩きながら脳内スムーズ暗唱」も活用する。……P165
・五感に外部から飛び込んでくる情報を、片っ端から「英訳チャレンジ」。……P170
・納得いく英訳ができない時は、作成した英文を保存し、後日更新する。……P172
・聞こえてくる日本語を英訳し続ける「なんちゃって同時通訳」にも挑戦。……P175
・脳内に浮かぶ日本語の思考を順番に英訳し、「英語思考」を身につける。……P176
・おぼえた気になっているが、実は忘れている知識を確認し、メンテナンス。……P178
・本の索引や電子辞書の「ヒストリー機能」で、曖昧な記憶をチェックする。……P179
・英英辞典やシソーラス（英語類語辞典）で理解を深めて、記憶を強める。……P181
・ロマンス諸語と英語の類似を思い出し、複数言語習得の夢を膨らませる。……P188

あとがき

本書でご紹介した〝三日坊主メソッド〟の数々を、ひとことでまとめるなら、**「やさしい英語勉強法」**ということになると思います。「易しい＝難しくない（easy）」と「優しい＝厳しくない（soft）」の両方の意味で、〝やさしい〟方法を目ざしました。

筆者自身も英語力ゼロの地点から「大人のやり直し英語学習」をスタートさせて、常により良い学習法を模索しながら、英語力を少しずつ高めてきました。本書の中でしばしば例として出したように、その旅路は登山に似ていると、いつも感じています。

経験を積み重ねてきた登山者（学習者）たちは、山頂へ通じる最短距離（正しい英語勉強法）を知っていますので、それを初級者に親切心から伝えようとします。自分が味わった苦労をできるだけ味わわせたくない、という、相手への思いやりによるものでしょう。ですが現実には、ベテラン登山者（学習者）たちが示す正しい道筋は、初級者にはとても登れないような断崖絶壁であることが多くあります。いくらそれが最短距離だとしても、技術的に登るのが難しい、ということは、あって当然です。そして、無理をして挑んだあげくに失敗したら、次の機会は2度と巡ってこないことさえ考えられます。

まえがきでも書いたように、前著『50歳から始める英語』は、今でも納得している自信作ですが、「正しい勉強法をストイックに追求するあまり、初級者や中級者には難しすぎる内容になってしまったかもしれない」という点を、刊行直後から反省していました。そこで改めて気づいたのは、筆者の本に限らず、世にある英語学習指南書の多くが「難しすぎる」、そして、「厳しすぎる」ということです。英単語本のノルマや、音読、シャドーイングなど、英語指導者が学習者に勧める方法の多くは、初級者や中級者には簡単にできないものが多く、それが挫折の原因になっていることは少なくないはずなのです。

山頂（＝英語が得意になった状態）に至る最後のステップでは、だれもが断崖絶壁を通らないといけないとしても――であればこそ、そこに至るまでに少しずつ基礎体力と技術を身につけることが登山同様に英語学習でも大切で、それを無理なく実現できるように、と考えたのが「やさしい英語勉強法」を目ざした〝三日坊主メソッド〟です。

なにかの方法が「正しい」と主張する時、それは同時に、ほかの方法が「間違っている」と言っていることになります。過去の英語学習指南書で「正しい英語勉強法」のみをストイックに追求し続けた姿勢は、ともすれば他の可能性を否定してしまう面もあった、という自省の念が、今はあります。そうした経験も踏まえ、本書では、できるだけそのような独善に陥らないように、**「なにひとつ否定しない」**というスタンスを、常に心がけました。元々、**「できるだけ他人を否定せず全肯定する」**ことが筆者の目ざす理想の生き方なのですが、たとえそう願っていたとしても不肖《ふしょう》の身では完璧には実現できないからこその、いまだ手の届かぬ高嶺《たかね》の花です。その高みを目ざす精神修行の旅は、おそらく死ぬまで続くのでしょう。

　今回ご紹介しているメソッドについて、あなたがもし、「これは、ちょっと違和感がある。なんか違うんじゃないの？」とお感じになる場合は、その内なる声に従っていただいたほうが良いと思います。多くの人に効果のあるメソッドも、それが必ずしもあなたにとってベストの方法であるとは限らないからです。だからこそ、本書のなにかの部分が少しでもあなたの英語学習のヒントとなれば、それにまさる喜びはありません。

　最後に余談として、本書は、２０２０年４月に新型コロナウイルス感染拡大に伴い緊急事態宣言が出された数日後に書き始め、５月末に緊急事態宣言が解除された数日後に初稿を書き上げました。日本だけでなく世界が今までスペイン風邪以来１００年近く経験していなかった地球規模のパンデミックの渦中で、自分が英語勉強法の本を執筆していることに、「こんなことをしている場合だろうか？」と、強い違和感もありました。ですが、そのような時だからこそ、自分にできることをこつこつ続けなければ、と、自分に言い聞かせました。〝ステイホーム〟が続く非日常だからこそ、今まで以上に、理想の英語勉強法をまとめる作業に集中して打ち込めたのではないかと思います。

筆者は自分の小説作品で、「なにが起きても、おかしくない」というメッセージを一貫して放ち続けてきましたが、新型コロナウイルスは、一夜にして今までの世界が崩壊する可能性を、改めて、われわれに痛感させました。世界は常に危うい均衡《きんこう》の上にあり、〝絶対の安心〟は幻想です。だからこそ、個人が自分のスキルを磨き続けることは意味が大きいですし、本書があなたの英語力向上の一助《いちじょ》となることを願ってやみません。

あなたの英語学習の成功を祈っています。

２０２０年６月　県越えの移動自粛要請が解除された日に

清涼院流水　拝

著者略歴

清涼院《せいりょういん》流水《りゅうすい》

一九九六年、『コズミック』で第二回メフィスト賞を受賞し作家デビュー。
以後、小説だけでなく、ビジネス書、ノンフィクション、英語学習指南書など著作多数。
小説執筆の息抜きとして始めた英語学習にハマり、
独自のメソッドでTOEIC（現TOEIC L&R）テスト満点を五回達成。
二〇〇九年から二〇一七年まで主宰していた「社会人英語部」では、
のべ六五人の部員をTOEICスコア平均九〇〇点台にまで導く。
日本人作家の小説を英訳して世界中の電子書店で販売しており、
著者、英訳者、編集者として手がけた英語作品は一〇〇を超える。
作家としての近著に『感涙ストーリーで一気に覚える英単語3000』（明日香出版社）、
『きみと行く 満天の星の彼方へ』（リチェンジ）などがある。

幻冬舎新書 597

三日坊主でも英語は伸びる

二〇二〇年九月三十日　第一刷発行

著者　清涼院流水
発行人　志儀保博
編集人　小木田順子
編集者　茅原秀行

発行所　株式会社　幻冬舎
〒一五一-〇〇五一　東京都渋谷区千駄ヶ谷四-九-七
電話　〇三-五四一一-六二一一(編集)
〇三-五四一一-六二二二(営業)
振替　〇〇一二〇-八-七六七六四三
ブックデザイン　鈴木成一デザイン室
印刷・製本所　株式会社　光邦

検印廃止

Printed in Japan　ISBN978-4-344-98599-5 C0295
せ-2-2

幻冬舎ホームページアドレス https://www.gentosha.co.jp/
*この本に関するご意見・ご感想をメールでお寄せいただく場合は、comment@gentosha.co.jp まで。